Defensa De D. Claudio Fontanellas Con La Sentencia De Vista De 31 De Diciembre De 1862 Y Un Apéndice A La Exposición De Hechos...

José Indalecio Caso

DEFENSA

DE

DON CLAUDIO FONTANELLAS.

Discurso pronunciado en la vista pública.

(DIA 12 DE DICIEMBRE.)

EXCMO. SR. (1):

Defiendo á D. Cláudio Fontanellas, con la pretension de que V. E. se sirva declarar nula y de ningun efecto la presente causa, ó revocar en todas sus partes la sentencia apelada de 28 de Diciembre de 1861, absolviendo libremente á mi defendido del supuesto delito de usurpacion de estado civil; declarando que la persona que el Tribunal tiene

---

(1) Antes de dar principio á la defensa, el Letrado manifestó á la Sala que extrañaba mucho se le hiciera hablar primero que el Fiscal de S. M.; pues si bien el procesado era parte apelante, la acusacion fiscal de segunda instancia habia precedido al escrito de mejora de apelacion; y le parecia un tanto anómalo seguir cierto órden en el debate escrito, y el órden inverso en el debate oral. Añadió, sin embargo, que si esto era costumbre en la Audiencia de Barcelona, se resignaria á hablar primero; y asi lo hizo á una indicacion del Señor Presidente.

á la vista, en el banquillo del acusado, es el mismo D. Cláudio Fontanellas, hijo de D. Francisco y de doña Eulalia de Sala, difuntos; con reserva de todas las acciones civiles y criminales que le competan, para que las ejercite cuando, como y contra quien lo estime conveniente.

Siento muchísimo que un precedente desgraciado no me deje ánimo bastante para suplicar la indulgencia que tanto necesito. Pero antes que malicioso y artero en el uso de la palabra, deseo aparecer tal vez excesivamente confiado, no en mis débiles fuerzas, si no en la bondad de la causa que sostengo. Por esta razon, al empezar la defensa de Don Cláudio Fontanellas, solamente una cosa tengo que pedir á V. E.: justicia en el debate; justicia en la apreciacion de los hechos; justicia en el fallo, y nada mas que justicia (1).

Pido ante todo justicia en el debate; porque sin ella, las contiendas del Foro, lejos de conducir al descubrimiento de la verdad, solo dan por resultado el triunfo de una opinion; y sin esa igualdad que prescriben, así las leyes civiles, como las leyes del honor, la opinion mas justa podrá ser supeditada; pero no vencida.

No quiere decir esto que yo pretenda extralimitarme en lo mas mínimo. Como se nos deje una prudente libertad, nosotros dejaremos las demasías de la licencia para quien las necesite. Mas el Ministerio Fiscal ha dicho en su acusacion, que para no ver la farsa indigna que mi defendido representa, «se necesita cerrar los ojos á la luz y la conciencia á la verdad;» y yo tengo que decir á mi vez, que para no ver la farsa indigna de que está siendo víctima mi defendido, se necesita ..... (palabras del Sr. Fiscal) cerrar los ojos á la luz y la conciencia, sí, la conciencia á la verdad.

Al pedir á la Sala esa igualdad en el debate, que no puedo menos de prometerme, ruego tenga presente la indole particular del asunto: pues, por mas que la justicia sea siempre una misma, no es posible tratar de mezquinos intereses, como se trata del porvenir y del honor de muchas familias. Este proceso ha tomado tales proporciones, que ya no debemos ocuparnos únicamente del procesado. Indagando si hay aquí un impostor, nos hemos encontrado con impostores á docenas, toda vez

---

(1) El precedente desgraciado á que alude este párrafo, ocurrió en otra Sala con el Licenciado Nieva. Hasta el hecho de pedir indulgencia, ha parecido sospechoso.

que el proceso entraña multitud de falsos testimonios. Lo que debia ser un grillete para un solo hombre, tiene que ser una cadena muy larga. La duda versará sobre quiénes han sido autores de la impostura; pero que la impostura existe y que ha tenido muchos cómplices, sobre este particular todos estamos perfectamente de acuerdo. Y cuando tantas familias aguardan temblando el fallo de V. E. ¿qué ha de hacer la representacion de D. Cláudio Fontanellas, sino pedir que ninguna idea preconcebida se oponga al esclarecimiento de la verdad, y que se reconozcan y examinen hasta los pliegues mas recónditos de la presente causa?

Por otra parte, nunca está demás oir una opinion sólida y profundamente arraigada; y la mia es tal en este asunto, que, sin ánimo de faltar en lo mas mínimo al respeto que el Tribunal se merece, ni de contradecir el axioma jurídico *res judicata pro veritate habetur*, debo declarar, que despues de muchas noches con el proceso y de muchos dias con el procesado, creo, como creo en la luz que nos alumbra, que el procesado es y no puede ser otro que D. Cláudio Fontanellas. Y al decir que no puede ser otro, llevo tan adelante mi aseveracion, que para mí, sea cual fuere el porvenir que le aguarde, el procesado siempre será Don Cláudio Fontanellas: en libertad ó en la cárcel, y hasta en el presidio, no le negaré jamás mi corazon de amigo y mi mano de hombre de bien, y mientras no me falte la voz, clamaré porque se le haga justicia. Si fuera lícito combatir ante V. E. murmuraciones ajenas al proceso, protestaria una y mil veces de mi completa sinceridad; mas para no incurrir en ninguna digresion arriesgada, paso desde luego á otro punto, retando á que se presente el menor dato, el indicio mas insignificante, que pueda hacer sospechosa esta opinion mia, que es ya un convencimiento absoluto.

Pedí, Señor, al empezar mi discurso, justicia en la apreciacion de los hechos.

Hay en el órden moral, como en el físico, verdaderos monstruos cuya deformidad espanta, y que serian increibles, si no fueran una tristísima realidad. En tales casos, no vale, no, decir, esto es raro, esto es inverosímil, esto no se parece á nada; porque lo raro, lo inverosímil; lo que á nada se parece, suele en ocasiones dadas ser verdad. ¡Pluguiera á Dios que los Tribunales de justicia solo tuvieran que ocuparse de lo que es natural y ordinario, y que se cerrara para siempre el libro de los crímenes!

Despreciemos, pues, ese achaque de inverosimilitud, que con tanta insistencia como falta de razon se ha censurado en el curso de este negocio. ¿Rechazais lo inverosímil? Pues sed lógicos; sed consecuentes, ó por mejor decir, sed justos. ¿Rechazais lo inverosímil? Pues á un lado con la fábula de que este hombre es Cláudio Feliu, que no somos tan cándidos, para que se nos venga con tales supercherías.

¡Este hombre Cláudio Feliu! ¡Este el cómico de aficion que representaba ante el público de la Barceloneta! ¡Este el miliciano conocido por el *soldado de papel!* Y este hombre á quien media Barcelona conocia, desaparece y al cabo de cuatro años vuelve á Barcelona; y hace que un Marqués le reconozca por hermano y heredero de todos sus bienes; y como tal le reconocen criados de la casa y amigos de la niñez; y frecuenta cafés, paseos y teatros; y no se levantan contra él mil voces, no le silban las mil y mil personas que antes le conocian y que ahora se agolpan á su paso, para ver al que se presenta como protagonista de una gran tragédia! ¡Y este hombre persiste año y medio en la impostura; y comparece ante V. E. atravesando por entre esas turbas cansadas de conócerle, y que sin embargo, le abren paso con el respeto debido á la inocencia y la desgracia!

¡Ah, señor! ¡Qué idea tan pobre del buen sentido público! ¡Qué escarnio de la sensatez y la cordura del pueblo español! Ved que contais en sério una fábula de que se está riendo casi toda España, y que si los hechos hubieran sido conocidos oportunamente, ni veinticuatro horas hubiera prevalecido semejante impostura (1).

Pero se me dirá: esto que parece increible y que realmente es inverosímil, ha podido ser, porque fué. Muy bien; acepto el debate en ese terreno, y no se hable mas de cosas inverosímiles. Pero ante todo, vuelvo á decir, sed lógicos, sed consecuentes, sed justos. Que no se juegue con dos lógicas distintas, una para el procesado y otra para sus enemigos; que no haya un libre-cambio absoluto para los artículos de procedencia mas sospechosa, y un rigorismo fiscal sin ejemplo para todo lo que procede de mi defendido; porque si en algun caso pudie-

(1) Estas palabras, dichas al principiar el debate y ante muchísimos conocidos de Cláudio Feliu que habian acudido á verle en la persona del procesado, equivalian á un reto que, á ser lanzado por Cláudio Feliu ó por su patrono, hubiera producido el mas solemne fiasco. Pero el reto se repitió un dia y otro dia, siempre con el procesado á la vista, y en vez de fiasco, hubo *efervescencia en los ánimos*, como dice el mismo Tribunal. ¡Lástima será que todo esto resulte ser obra de una sociedad secreta!

ra ser admisible el contraste de una credulidad tan fabulosa con tanto y tan cruel escepticismo, el escepticismo no deberia quedar reservado para D. Cláudio Fontanellas. Una ley de Partida ha dicho ya que tiene sus inconvenientes litigar con personas de cierta clase; porque es grande el poder del poderoso para desfigurar la verdad y oscurecerla á los ojos del Tribunal mas justo; porque 'en mano del rico la moneda falsa parece de oro, mientras que en mano del pobre la moneda de oro parece falsa; y escrito está que «*habló el rico y callaron todos, y ensalzaron su palabra hasta las nubes*» (1).

De modo, que si es posible adoptar dos lógicas distintas, debe reservarse la mas benigna para el procesado. Pero no; que la lógica de V. E. sea una, como la verdad y la justicia; que se prescinda de toda idea extraña á los autos, de toda noticia extrajudicial, por autorizada que parezca; que se juzgue *secundùm allegata et probata*, es todo lo que desea la representacion de D. Cláudio Fontanellas.

Es increible, es inverosímil, y sin embargo es verdad, que don Cláudio Fontanellas desapareció de Barcelona el 27 de Setiembre de 1845; que mandó cartas ó papeles á su padre, participándole que habia sido secuestrado por malhechores, que exigian cierta cantidad por el rescate; y que, ni el rescate fué satisfecho, ni se hizo nada, absolutámente nada, para descubrir el paradero de D. Cláudio.

Cuando José García Rubio prestó su primera declaracion, relativa á lo que Antonio Gomez habia dicho en la cárcel acerca de D. Cláudio Fontanellas, el Juez de San Beltran y posteriormente el de Palacio, se dirigieron á todos los Juzgados de Barcelona, incluso el de Guerra, y por todos se dió fé y testimonio de no obrar en su poder diligencia alguna relativa á tan grave suceso. Aquel sumario, aunque de resultados negativos, fué de terribles consecuencias. Entonces se llamó á declarar á la familia Fontanellas; y prueba que no se habia dado paso alguno para averiguar la suerte del cautivo, que preguntado D. Lamberto en 15 de Enero de 1853, si se habian hecho diligencias en busca de su hermano, contestó: «que no podia decir si se practicaron diligen- »cias acerca de este particular; porque como en aquella época vivia »su señor padre, el declarante no cuidaba de cosa alguna de la »familia.»

Cualquiera que oiga esto, creerá que en aquella época D. Lamber-

(1) Eclesiástico, cap. 13, v. 28.

to Fontanellas era un niño. Pasaba de 30 años. ¿Qué se deduce de tan peregrina contestacion, que es igual á todas las contestaciones de don Lamberto? Lo que afirman todas las autoridades de Barcelona, desde el Alcalde-Corregidor al Capitan general: que D. Cláudio desapareció, y nadie se acordó mas de él.

No sé por qué extraña deferencia se ha de suponer sobre este punto, lo que no está probado, y hasta desmentir lo que de autos resulta; y aquí empieza la lógica condescendiente de que me lamentaba al principio de mi discurso. No aparece probado; pero D. Lamberto Fontanellas y su padre D. Francisco, indudablemente, se dice, habrán hecho las mas exquisitas diligencias. Y esas diligencias ¿dónde están? Es que entonces habia en Barcelona un régimen militar excesivamente riguroso, y el carácter exclusivo de aquella dominacion imposibilitaba para hacer gestiones que no fueran puramente confidenciales. Pero, ¿habia en Barcelona en 1852 un sistema de gobierno diferente del que regia en 1845? Pues á fé que en 1852 bastó que unos presos hablaran de la aprehension de D. Cláudio Fontanellas, para que se instruyera un sumario que dejó memoria en todas las oficinas y dependencias del Gobierno. ¿Cómo es que la simple murmuracion de dos presos dió lugar en 1852 á la formacion de un sumario, y los gritos y lamentos de la familia Fontanellas no dieron lugar á otro en 1845? ¿Se habrá perdido el proceso? Un proceso no se pierde, y aunque desaparezca el cuerpo de los autos, siempre quedan ramificaciones que demuestran la época y el objeto para que fué instruido. Supongamos que se hubiese extraviado la causa criminal incoada en 1852 sobre desaparicion de D. Cláudio Fontanellas ¿tan difícil seria encontrar ahora una comunicacion, un registro cualquiera que acreditara el hecho de haberse instruido aquel procedimiento? Pues, ¿dónde está el menor vestigio de las diligencias instruidas en 1845? No se ha encontrado ninguno.

La familia Fontanellas, para rechazar el cargo gravísimo de que se veia amenazada, busca testigos y no parecen. D. Salvador Subirana declaró «que apenas hablaba al Marqués de este negocio, por lo mucho que le entristecia.» Cuando se pregunta por diligencias ¿á qué viene contestar que el Marqués se ponia triste? Esa misma tristeza debiera ser un motivo para hablar, para no hablar mas que de la desgracia que preocupaba al infeliz Marqués, y de los medios necesarios para redimir á su hijo. Nada debia serle tan grato como el ver que los amigos tomaban parte en su dolor y se desvelaban por devolver á su sano al hijo cuya ausencia le tenia tan abatido. ¿Cómo es que, por el contrario, parece que no se permitia conversacion sobre este extraño suceso?

El Licenciado Torres dice, que practicó diligencias en la época del secuestro; mas solo por afecto que tenia á la familia. Andando el tiempo (no determina la época) hizo averiguaciones por encargo y á ruego de D. Francisco; pero ocurrió el secuestro y nadie se ocupó de buscar á D. Cláudio. Esto resulta acreditado, no solo por el vacío que descubrieron las diligencias de 1852, sino por las mismas pruebas que se rebuscaron para justificar lo contrario.

¿A quién se le ocurre, tratándose de un cargo de esta clase, presentar un papel, cuya letra nadie conoce; papel que no tiene fecha, que no tiene firma ni carácter alguno de autenticidad, y que pudo ser escrito por cualquiera, momentos antes de entregarle al Juez? Pues todo lo que despues de escudriñar la correspondencia de su padre, encontró D. Lamberto, fué una nota de letra desconocida, sin firma ni fecha, de la que aparece que D. Francisco Fontanellas entregó al Capitan general las cartas de D. Cláudio; pero es lo cierto que al Comisario Serra y Monclús le fueron enseñadas esas cartas en 1851, seis años despues del secuestro. Sin duda por eso contestó el Capitan general que en el archivo de su dependencia no se hallaban las tales cartas, ni antecedente alguno que hiciera relacion á D. Cláudio Fontanellas.

El Ministerio Fiscal pasa, como sobre áscuas, por encima de estos datos que derraman una luz, siniestra sí, pero clara y extensa, que desciende hasta el fondo de todos los arcanos que hay en este asunto. El Ministerio Fiscal y el Juez de primera instancia se han sublevado contra la idea de que D. Cláudio Fontanellas haya desaparecido por obra de su mismo padre y complicidad manifiesta de toda la familia. Pero ¿cuál es la consecuencia á que conduce la negativa del Juez y del Ministerio Fiscal? Una de dos: ó el secuestro ha sido una farsa, ó una realidad. En el primer caso, ó la farsa fué representada por la familia Fontanellas, ó por el mismo D. Cláudio. La lógica no admite mas supuestos. Ahora bien; no se venga con declamaciones inútiles; ajustémonos estrictamente á los hechos, y veamos las consecuencias.

Hasta ahora, que yo sepa, ni al Juez, ni al Ministerio Fiscal, ni á nadie se le ha ocurrido que la farsa pudo ser representada por don

Cláudio. La familia misma rechaza ese supuesto; y harto se comprende que, si D. Cláudio hubiera ideado semejante impostura, la familia, en el susto del primer momento, habria hecho mas de lo necesario para encontrarle, y en aquellas horas de tribulacion hubiera dejado elocuentes testimonios del amor que le tenia. Pero nada de eso; no hizo gestion alguna; luego el secuestro de D. Cláudio, tal como le describe la familia Fontanellas, ó fué una farsa representada por la misma familia, ó una triste realidad. ¿Sosteneis que ha sido una realidad? Entonces, cuando oigais decir que D. Cláudio Fontanellas ha muerto, no pregunteis quién le mató. Si el desgraciado ha muerto, porque no pagó diez y seis mil duros quien, sin arruinarse, pudiera haber satisfecho diez y seis millones, D. Claudio Fontanellas fué asesinado por la ruindad y la codicia de sus mismos padres.

Ahora bien; familia que ha sido capaz de abandonar á un hijo y á un hermano en poder de malhechores, por miserables diez y seis mil duros, que miserable cantidad era para el Rotschild de Cataluña; cuando el cautivo regrese de lejanas tierras, capaz será de decirle: no te conocemos. ¡Ah! Diez y siete años hace, tampoco le conocisteis; ó mejor dicho, habeis desconocido lo que la naturaleza y la ley moral exigian de vosotros para lograr su salvacion. ¿Qué tiene de extraño que aquel cariño fraternal, nulo ya en 1845, no dé señal de vida en 1862?

Pero no, Excmo. Sr.; estas son, permítaseme la palabra, aberraciones del Juez y del Ministerio Fiscal. Yo quiero hacer mas favor á la familia Fontanellas; quiero dejar á salvo su honra, en cuanto lo permita la gravedad de este negocio. El secuestro de D. Cláudio Fontanellas no es verdad; no es verdad en los términos en que se ha explicado hasta ahora. Pregúntese á todos los que saben como se ama á un hijo y á un hermano; y al oir que la familia Fontanellas no hizo absolutamente nada por recobrar á D. Cláudio, todos dirán conmigo que ese secuestro ha sido una farsa; indigna farsa de la familia de Fontanellas; ¡triste, tristísima realidad, para el que, merced á una trama abominable, fué lanzado á la otra parte del Océano!

Sobre este punto, la maledicencia, que no se satisface hasta penetrar en los mas ocultos arcanos, es en verdad demasiado exigente.

¿Qué interés tenia D. Francisco Fontanellas en deshacerse de su hijo? ¿Por qué le arrojó despiadadamente de su seno? Pero, ¿no damos las pruebas de que así ha sucedido? Los cincuenta y ocho primeros fólios del proceso ¿no lo acreditan hasta la evidencia? Pues no nos pregunteis mas: pedid la explicacion á quienes han tenido la culpa.

Pregúntese á la familia Fontanellas qué razon ha tenido para deshacerse de D. Cláudio por medios tenebrosos, y si no da cumplidas satisfacciones, caiga sobre ella la responsabilidad de semejante misterio. Entre tanto, yo como defensor de D. Cláudio Fontanellas, protestaré una y mil veces contra la irritante exigencia de que mi patrocinado ha de explicar hasta la conducta injustificable de sus hermanos.

En jurisprudencia como en ciencias exactas, cuando faltan documentos y testimonios, cuando no hay datos positivos, es preciso recurrir á las hipótesis. Y como en este asunto me propongo no dejar nada por esclarecer, hasta donde alcance mi razon; puesto que no nos da explicaciones quien tenia estrecha obligacion de darlas; puesto que no se han hecho diligencias que vendrian muy bien ahora para caminar sobre terreno seguro, fuerza es discurrir en sentido hipotético. Todavía se me dirá, insistiendo en aquella lógica condescendiente, que el supuesto es inadmisible, por mas que parezca probado; pero no repugna á la razon, no es inadmisible en el debate nada que pueda tener una explicacion lógica; y desde el momento en que, no solo se deduce, sino que puede explicarse que D. Cláudio Fontanellas haya desaparecido por obra de su mismo padre, no hay mas remedio que admitir este dato; clave de todo el enigma.

¿Y cómo se explica que D. Francisco y toda la familia de Fontanellas hayan consentido en la desaparicion de D. Cláudio? A falta de noticias ciertas, allá vá una hipótesis.

Figurémonos que D. Cláudio Fontanellas, en la inquietud de su carácter bullicioso, llega á sorprender un grave secreto que compromete á su mismo padre y á algunas otras personas: la presencia de don Cláudio debia de ser una amenaza viva: el eco de su voz haria estremecer de espanto á todos los que se hallabán interesados en aquel secreto. Lo mas sencillo en tal caso, era ahogar para siempre aquella voz alarmante; pero, como lo estorbaba el amor paternal, se concibe perfectamente (hablo siempre en hipótesis) que se hubiera hecho desaparecer á D. Cláudio, ó que siendo posible, se le hubiera facilitado un viaje muy largo; tan largo, que diera tiempo bastante para recoger el fruto de aquel secreto y borrar hasta el último vestigio de su existencia.

Sentada esta hipótesis, se concibe perfectamente que D. Cláudio Fontanellas haya desaparecido, y que, hasta verse llamada por el Juez del distrito de Palacio, no se haya presentado su familia á declarar sobre tan grave suceso. Se concibe perfectamente que cuando D. Cláudio Fontanellas escapó de la cueva de Monjuich, no haya venido en el acto

2

á su casa, creyéndose, como tenia algun motivo para creerse, perseguido por su mismo padre. Se concibe, en fin, que haya coincidido el propósito de D. Cláudio de no volver al seno de su familia, con la necesidad que tenia D. Francisco de hacerle viajar muy lejos. Añádase á esto el despilfarro completo de D. Cláudio, la proverbial codicia de D. Francisco y esa prevencion con que un padre suele mirar tal vez al hijo que mas quiere, y será fácil comprender cómo, mientras su padre le facilitaba por segunda mano los medios necesarios para embarcarse, don Cláudio se despedia para siempre de la casa paterna, repudiando en la inexperiencia de su edad, hasta el nombre de la persona que le habia dado el sér. Si este supuesto no es del agrado de la familia Fontanellas, que hable claro; que explique su negligencia, y nos ahorrará de recurrir á las hipótesis.

Desapareció D. Claudio Fontanellas; pasaron los dias, los meses y los años sin que el público tuviera noticia de su paradero, y como el vulgo es muy dado á lo fabuloso, se forjó una explicacion trágica que no se apoya en documento alguno, ni en el menor rastro de diligencias judiciales. Háse dicho que D. Cláudio Fontanellas murió; que se encontró su cadáver no se sabe dónde; y con el vulgo, personas de muchísimo criterio y muchísima buena fé, creyeron realmente que D. Cláudio habia pasado á mejor vida. Repito que esto es un sueño, y que en la gravedad á que ha llegado este negocio, no pueden invocarse murmuraciones de vecindad, ni otros antecedentes que aquellos que se consignaron y pueden acreditarse por medio de datos auténticos. ¿En qué puede apoyarse esa novela del asesinato y del cadáver misterioso, cuando no ha dado siquiera lugar á un procedimiento como el que surgió en 1852, al solo anuncio de que un preso de la cárcel hablaba del secuestro? Increible parece que personas formales dejen lo cierto por lo soñado, en asunto que requiere un criterio tan sano, hasta para apreciar lo que consta de una manera positiva (1).

(1) Media Barcelona puede ser testigo.

¿No es cierto que en un principio la familia Fontanellas decia: el tunante se esconde y hace esa farsa, para sacarnos diez y seis mil duros? ¿Por qué ahora esa misma familia sostiene que el secuestro fué positivo, y tanto que los secuestradores asesinaron á D. Cláudio? Antes era preciso forjar un cuento para satisfaccion de parientes, amigos y curiosos que preguntaran por el cautivo; de ahí el atribuir la desaparicion á una calaverada; con lo que nadie podia extrañar que no se practicaran diligencias. Mas ahora conviene otra ver-

D. Cláudio Fontanellas desapareció, y su padre otorgó testamento en 23 de Mayo de 1850, dando una prueba evidentísima de que no creia muerto á su hijo. Mandó que se le reservara su legítima, le instituyó heredero fideicomisario del primogénito, y además dejó un pliego cerrado. ¡Dichoso pliego, señor, que no parece! Mas, por confesion de una de las personas interesadas, es ya sabido que ese pliego tenia relacion con el porvenir y con la misma persona de D. Cláudio. D. Francisco dudaba si vivia ó no su hijo, porque le tenia á muchas leguas de distancia; pero carécia de datos para creerle muerto. Así se ve la solicitud y paternal esmero con que en su postrera voluntad trata de asegurarle un porvenir. Muerto D. Francisco, y antes que él su esposa doña Eulalia de Sala, á quien se encomendaba la custodia de dicho pliego, no se sabe cómo fué cumplida acerca de este punto la voluntad del testador. De cualquier modo, siempre resulta que D. Lamberto y doña Eulalia Fontanellas estaban interesados en evitar la reaparicion de don Cláudio. Como hermanos, anhelarian la dicha de volver á verle; como herederos, como personas mas ó menos sujetas á las inspiraciones del vil interés, debian temer que D. Cláudio viniese á partir con ellos la fabulosa herencia de su padre.

Es de lamentar, que tal vez por la índole de este procedimiento, por el carácter criminal que se le ha dado, se haya visto V. E. en la precision de no permitir que se uniera á los autos el testamento de D. Francisco Fontanellas; porque hubiera venido muy al caso, para saber de qué modo se ha cumplido la voluntad del testador, y cuáles son y cuán poderosos los intereses conjurados contra la persona de don Cláudio Fontanellas. Nada mas lejos de mi ánimo que prevenir la opinion de nadie en mengua de personas cuyo nombre respeto. He dicho y repito que ni siquiera las conozco; pero en mi calidad de defensor debo manifestar, que no solo D. Lamberto y su hermana doña Eulalia estaban interesados en que D. Cláudio Fontanellas no hiciera valer

sion; á todo trance se necesita probar que D. Cláudio fué asesinado por los secuestradores, y no dude el lector que se probará. Hay hombre que afirma el hecho con tanta seguridad, como si él mismo fuera el asesino. Con esto quedará probado que la primera version era una patraña; pero no importa. Las gentes dirán entonces: si el asesinato fué positivo ¿cómo no se ha empezado por acreditarlo, poniendo al intruso en el aprieto de probar su propia resurreccion? Mas para entonces se habrá demostrado que talès dichos se propagan por una sociedad secreta; y que hay dinero, sobre todo ¡mucho dinero! para estraviar la opinion y producir efervescencias.

como tal su nombre y sus derechos, sino que, bajo el punto de vista del interés, la persona que tal vez ha intervenido mas en este asunto, ha sido caracterizada de una manera tristísima por el testamento de don Francisco Fontanellas. Cuando se trata de juzgar á un hombre, es indispensable conocer á sus acusadores; para saber el crédito que merece una denuncia, siquiera sea vergonzante, es preciso escudriñar los móviles secretos que han podido inspirarla.

Pues bien; no solo doña Eulalia y D. Lamberto estaban y están interesados en que D. Cláudio no parezca; sino que el hermano político de D. Lamberto, esposo de doña Eulalia, no puede hablar en esta cuestion. Yo no sé si habrá sido efecto de prevenciones infundadas; pero es lo cierto que D. Francisco Fontanellas, al otorgar testamento, se ocupó detenidamente de su hija doña Joaquina, casada entonces con D. Antonio de Lara. Y ¿cuál fué sobre este punto la voluntad del testador? Dejó su legítima á doña Joaquina, mandando que se la administrara D. Lamberto, y que, muerta doña Joaquina, volvieran los bienes á la familia: dejó un legado á un nieto suyo, hijo del D. Antonio, encargando que se lo administrara D. Lamberto; y últimamente, prohibió, pena de desheredacion, que se diera á D. Antonio de Lara parte ni intervencion alguna en la administracion de su herencia.

No me refiero á informes. Tengo el testamento á la vista; y en antecedentes de esta clase, líbreme Dios de faltar en lo mas mínimo á la verdad. De todo lo que llevo dicho, resulta que, si era grande el interés que D. Lamberto y doña Eulalia tenian en negar á su hermano, era grandísimo el interés de D. Antonio de Lara, Marqués de Villamediana, en evitar el reconocimiento de D. Cláudio. D. Lamberto Fontanellas, en 1861, estaba soltero y no tenia sucesores legítimos. Segun el testamento, la totalidad de sus bienes debia pasar á las hermanas, en defecto de D. Cláudio; y como ya no sobrevivia mas que doña Eulalia, doña Eulalia debia heredar todos los bienes de su hermano mayor. No pretendo inferir al Marqués de Villamediana el agravio de suponer que la espectativa de una herencia de muchos millones ahogara en su corazon todos los sentimientos de familia, hasta el punto de negar á un hermano de su esposa y hacer que esta y D. Lamberto le negaran tambien; pero es preciso exponer los hechos y sentar, ante todo, como dato incuestionable, que si D. Lamberto Fontanellas hubiera muerto en el mes de Mayo de 1861, doña Eulalia hubiera heredado la colosal fortuna de D. Lamberto. Por consiguiente, no se venga negando la evidencia y afectando que al Marqués de Villamediana le era indiferente esta cuestion; porque, si casado D. Lamberto, menguaron para el Marqués de Villamediana las probabilidades de recibir una cuantiosa herencia, hace algunos meses nadie tenia tanto interés como Villamediana en evitar la reaparicion de D. Cláudio.

Tal era el estado de la familia en 15 de Mayo de 1861, cuando don Lamberto Fontanellas recibió una carta, firmada *Cláudio*, de una persona que se titulaba hermano suyo, anunciándole que acababa de llegar al puerto de Barcelona, á bordo del paquete *Puerto-Rico*, cumplido ya el juramento que habia hecho de no volver antes á la casa paterna, y que le contaria una historia muy larga. En vista de aquella carta (y pasaré muy á la ligera por hechos tan conocidos) dispuso D. Lamberto que saliese al encuentro de aquel hombre el dependiente Martí; el cual y el recien-llegado se conocieron mútuamente. Habiendo entrado el viajero en casa del Marqués, le reconoció este por hermano suyo, y envió un parte telegráfico á su hermana doña Eulalia, diciéndola que «acababa de llegar su hermano Cláudio *sano y bueno*.» Don Lamberto pone el hecho en conocimiento del Gobernador de la provincia, lo confirma y declara ante el Juez del distrito de Palacio, y con el Marqués, lo confirma y declara tambien el dependiente Martí.

Pero hay mas, Excmo. Sr.; D. Juan Freixer y D. Salvador Aromir, testigos de cargo, confiesan, al ratificarse en el término de prueba, que reconocieron inmediatamente á D. Cláudio y pregonaron por todas partes su llegada, siendo de advertir que ambos habian conocido á don Cláudio, como amigos de la niñez y compañeros suyos hasta el dia de la desaparicion. Todavia mas; el reconocimiento hecho por doña Bernarda Prim y D. Luis Sala, está confesado por ellos mismos, aunque despues tuvieran motivo para variar de opinion Esto significará lo que luego veremos, ó lo que se quiera; pero el hecho es que, llegado D. Cláudio Fontanellas á la casa paterna, fué reconocido como tal por su hermano mayor y padrino D. Lamberto, por los antiguos dependientes Martí, Sala y doña Bernarda Prim, y por los amigos de la niñez Freixer y Aromir. Adviértase que contamos solamente las personas que se han presentado á declarar; porque de las que no lo han hecho, fueron innumerables las que le reconocieron. Para probar esta verdad, no necesito salir de lo actuado ni dar noticias extrajudiciales. En el proceso consta, por ejemplo, que Subirana, amigo de D. Cláudio desde la primera edad, le acompañó á su regreso por los parajes públicos de Barcelona, y está reconocido hasta por el mismo D. Lamberto, que igualmente le acompañó Golart. Subirana y Golart, Excmo. Sr., son las personas que mas han figurado en este asunto y que menos figuran en el proceso. Pero, aunque hayan tenido por conveniente quedarse á la capa, es incontestable que tambien ellos, amigos de D. Cláudio desde la niñez, le acompañaron, le obsequiaron, le trajeron en palmas por Barcelona, sea cualquiera la razon que hayan tenido para dejarle despues en el mas triste desamparo.

Hay en este asunto datos que entristecen de un modo horrible. No parece sino que aquí se pretende hacer guerra al buen sentido, y que hasta se exige que la sana razon se ponga al servicio de D. Lamberto Fontanellas, toda vez que no basta la manera ordinaria de discurrir, para apreciar los antecedentes que han servido de base á la formacion de este sumario. Si despues de largos años de ausencia, se tiene la dicha de encontrar á un amigo, á un hermano, lo natural es empezar por no conocerle. La fisonomía suele estar tan alterada con el trascurso del tiempo y despues de grandes padecimientos y desgracias, que nuestro mejor amigo, nuestro hermano, se presenta y no le conocemos; nos recuerda escenas de la primera edad, creemos oir el eco de una voz que nos fué muy querida, y no le reconocemos, hasta que por fin nos da tales noticias y evoca tales recuerdos en nuestra memoria, que acabamos por decir con arrebato su nombre, y entonces no volvemos á desconocerle jamás. Este es el órden natural de las ideas y de los recuerdos hasta llegar á una evidencia absoluta; esto es lo que ha sucedido siempre, lo que siempre sucederá, como no se trate de la especialísima causa de Fontanellas. Reconocer á un amigo, reconocer á un hermano, seguir conociéndole y tratándole como tal públicamente, por espacio de algunos dias, para decir luego, «perdone V.; me he equivocado,» ¡ah! esto repugna á la razon; esto es burlarse del buen sentido.

El Promotor Fiscal ha dicho: «los padres no se engañan jamás en la filiacion de sus hijos,» y ha podido añadir que tampoco se engañan los hermanos. La familia, aun despues de muerta, vive con nosotros y nos acompaña en todas las situaciones mas graves de la vida. Podemos olvidar á un amigo hasta el punto de desconocerle por completo; pero desconocer la voz de un hermano, eso nunca. El hombre llega á la vejez, y todavía oye en sueños la voz de sus hermanos, muertos en la infancia. Pues bien; cuando el recuerdo de un hermano se graba de tal modo, ¿es posible que haya quien diga á otro, tú eres mi hermano, tú eres el heredero universal de mis bienes, y que no solo lo diga en un momento de ofuscacion, sino que se canse de reconocer y examinar á este hermano, y diga con insistencia que lo es, y al cabo de ocho dias se le ocurra dudar? Para·decir esto con formalidad, búsquese un suceso parecido en la historia; alguno que por meses enteros haya desconocido á una persona allegada, tal vez se encontrará; pero quien empiece por conocer á un hermano suyo, participando tan fausto suceso á la familia, á las autoridades. y á las personas mas distinguidas de la poblacion, saliendo á los ocho dias con que se le ocurren dudas, eso es inaudito, eso no tiene ejemplo.

El razonamiento, es verdad, no tiene la misma fuerza cuando se trata de amigos, que tratándose de hermanos; pero es indudable que nos asiste la misma razon para rechazar la vergonzosa negativa de Freixer, Aromir y doña Bernarda Prim, toda vez que conocieron á D. Cláudio de chiquito; que apenas llega, le abrazan, lloran con él de gozo, y al cabo de ocho dias concluyen por negarle. Si el recuerdo de un amigo no es tan permanente como el de un hermano, imposible negar que en cambio el juicio de una persona extraña es mas tranquilo y menos ocasionado á equivocaciones. Si D. Lamberto Fontanellas se ha podido ofuscar, al verse delante de un hermano que creia muerto, los amigos Freixer y Aromir podian apreciar con juicio mas sereno las señales características de D. Cláudio. Ahora bien; si D. Lamberto le reconoció, guiado por las seguras inspiraciones del amor fraternal; si los amigos de la niñez le reconocieron tambien despues de un detenido y minucioso exámen, no importa, no, saber los motivos que han tenido para arrepentirse despues, ni se exija de nosotros que creamos en la equivocacion y en las dudas á que se atribuye el arrepentimiento (1).

Comprendo, Excmo. Sr., que las personas de leales sentimientos, aquellas á cuya conciencia se resisten ciertos excesos, no puedan dar asenso á la impostura que envuelven las diligencias de que me estoy

---

(1) Como hay quien pretende saber lo que conviene á D. Lamberto Fontanellas, mucho mejor que él mismo, se ha querido explicar la circunstancia de haber reconocido á su hermano, por no sé que achaque característico, ó *por razones de idiosincrasia*, como decia el Fiscal de S. M. ¿Pues qué? D. Francisco Juan Martí, D. Juan Freixer, D. Salvador Aromir, D. Luis Sala y doña Bernarda Prim, que reconocieron igualmente á D. Cláudio ¿son todos ellos tontos?

ocupando. ¿ Es posible, dirán, que D. Lamberto Fontanellas haya negado á su hermano, y que esos testigos hayan sido dóciles instrumentos de D. Lamberto? ¿Puede llegar á tal extremo la mala fé?

Desgraciadamente los anales del Foro no son novelas, sino antecedentes que sirven para apreciar los crímenes de actualidad, por los crímenes que han ensangrentado la historia. Esto ha podido suceder, porque ha sucedido. Quien ha dicho que la causa Fontanellas es la primera en el mundo, de seguro que no se ha molestado en buscar antecedentes. Tales imposturas se han representado muchas veces, aunque, para honor de nuestra patria, debemos reconocer que en España no se han repetido con tanta frecuencia como en otros pueblos, y principalmente en Francia.

Los Tribunales franceses han tenido que pasar en muchas ocasiones por la amargura de dictar sentencias condenatorias contra hermanos que negaban á sus hermanos, y lo que es mas horroroso, contra padres y madres que desconocian y negaban á sus propios hijos. Ya en el siglo xvii el ilustre canciller D'Aguesseau tuvo que entender en un asunto de este género, y su dictámen sirvió de base al fallo condenatorio, por el que una madre fué condenada á aceptar como hija á una jóven que rechazaba inhumanamente de su seno. María Cláudia Chamois fué devuelta á su familia por decreto de un tribunal justo que obligó á una madre desnaturalizada á recordar la santidad de sus deberes. Otro tanto acaeció con la Ferrand, cuyo proceso es tan conocido en Francia. Pero hay sobre todo un caso idéntico al que nos ocupa: el proceso de Remy Baronnet. Permítame el Tribunal esta digresion histórica; porque la considero de grande oportunidad.

Nació Baronnet en 1717. A los 25 años desapareció de su pueblo, y las turbulencias de Francia le entretuvieron por espacio de 22 en países muy remotos. Vuelve á su país al cabo de este tiempo, durante el que habian muerto sus padres y heredado una hermana suya los bienes de la familia. Amigos de la niñez aseguran que es el mismo Remy Baronnet; pero su cariñosa hermana se niega á reconocerle, y siendo cómplice el cura de la parroquia, pretende hacerle pasar por hijo de Francisco Babilot; el cual reconoce por hijo al recien-venido, y el pobre Baronnet fué condenado á cadena perpétua. Dos años hacia que Baronnet arrastraba la cadena de presidiario, cuando surgieron graves sospechas. El Parlamento de Paris revisó el proceso, y revocada la sentencia, se declaró inocente á Baronnet; dejándole en posesion de su legítimo nombre y de todos sus bienes. Hay en este negocio la singularísima particularidad de que al procesado se le hizo pasar por un hombre quince años mas jóven que él.

Esta enormidad no es cuento; es una causa que puede examinar quien guste en la coleccion de Piteval; y el que no quiera molestarse, puede verla sucintamente extractada en el libro que mas manejan los jurisconsultos: *Medicina Legal* de Orfila, *Tratado sobre las pruebas de identidad.* Una causa, que tiene tan grande analogía con la que nos ocupa, basta para demostrar, cómo desgraciadamente es posible que se cometan imposturas parecidas á la que me atrevo á denunciar á V. E.

En la misma Fráncia, sin duda por el desconcierto en que ha pasado la mayor parte del siglo XVIII, se han visto con frecuencia litigios de esta clase. Solo citaré, sin embargo, el de Madame Voyneau, que con el de Remy Baronnet, forma un conjunto completo y acabado de todas las particularidades y anomalías que se advierten en el proceso Fontanellas.

Madame Voyneau, esposa de un emigrado francés, tenia una hija. Se apoderó de la pobre señora una monomanía de tal especie, que se cuenta que, estando en cinta, prometió no tener jamás cariño al fruto de sus entrañas, si era varon; porque vendria á privar á su hija de la mayor parte de la herencia. Dió á luz un varon, que fué llamado Luis René Augusto. Estalló al poco tiempo la guerra civil de la Vendée, y en una escursion que hizo madame Voyneau con su familia, huyendo de los insurgentes, volvió al pueblo de su residencia habitual solo con la hija, diciendo, que el niño Augusto habia sido degollado en Fauconniere, juntamente con la camarera que le acompañaba. Llegó á este pueblo una comision del Subsidio, y entre los destrozos del saqueo y la matanza, encontraron tres niños que llevaron á Nantes. Madame Clavier se encargó de prodigar á uno de ellos todos los cuidados de una madre.

Al poco tiempo Juan Martineau, especie de mayordomo de madame Voyneau, fué á Nantes y reconoció á este niño por hijo de su señora. De vuelta del viaje, y creyendo dar á madame Voineau la mas alegre noticia, la participó el hallazgo de su hijo; pero esta lo oyó con frialdad y se negó á creerlo, insistiendo siempre en que su hijo habia sido degollado en Fauconniere. Una tia del niño va á verle, y tambien le reconoce por hijo de su hermana. Encontrándose entonces esta señora en el compromiso de trasladarse á Nantes, marcha, ve al niño, niega que sea hijo suyo, alegando que, segun la partida de defuncion que presentaba, su hijo Augusto habia sido degollado, y afirma que el muchacho recogido en casa de la viuda Clavier, era hijo de un molinero de la Vendée.

La Pasti, mujer del molinero, reconoce al niño por hijo suyo, y confirma esta declaracion una parienta de aquella. Pero la improvisada madre representaba tan mal su papel; era tan poco lo que la afectaba el verse privada de su hijo, y tan poco lo que hacia por recobrarle, que se creyó que todo aquello era solo una farsa. En efecto, se descubre que la partida de defuncion se apoyaba en una informacion falsa; que el hijo de la Pasti tenia el pelo negro, cuando el niño en cuestion era excesivamente rubio; y por este y otros datos madame Voyneau fué condenada en 1.ª, 2.ª y 3.ª instancia á llevarse á su hijo y á considerarle como tal, sin que la tercería, entablada despues por el padre emigrado, surtiera otro efecto que el de una nueva sentencia condenatoria.

Es decir, Excmo. Sr., que cuando aseguramos que D. Cláudio Fontanellas pudo haber sido negado por su hermano, no adelantamos una especie nueva; hablamos de un hecho que han juzgado Tribunales extranjeros, por mas que felizmente no haya dado que hacer á los Tribunales de España. Y cuando esta es la historia y estos los antecedentes que debia tener á la mira el Juez de primera instancia de Palacio, antes de dar un paso que podia ser de consecuencias irreparables para un hombre inocente, ¿quién no deplora la ligereza con que ha procedido contra D. Cláudio Fontanellas, sin tomar ninguna, absolutamente ninguna de las precauciones que podrian evitar un fraude, sin considerar nada de lo mucho que pudiera haber inspirado una falsa delacion, y haber sugerido el crímen de valerse de la justicia para causar la ruina de D. Cláudio?

El dia 23 de Mayo de 1861, el Juez de primera instancia del distrito de Palacio decretó: «Habiendo llegado á noticia del que prevee que, no obstante lo manifestado por D. Lamberto Fontanellas en su comunicacion de 16 del actual al Gobierno de provincia, etc., abriga algunas dudas de que la persona llegada á su casa el 15 sea realmente su hermano D. Cláudio, amplíese la declaracion del mencionado don Lamberto en los términos que se estime.»

Digo, Excmo. Sr., que este paso, cuando menos, ha sido sobradamente temerario. En primer lugar ¿quién era la persona que habia dado esta noticia al Juez? Por mas que perpetrado un delito, Jueces y Promotores tengan obligacion estrechísima de hacer inmediatas averiguaciones ¿por ventura no debe observar alguna regla de prudencia para librarse de denuncias calumniosas? ¿Quiénes fueron, pues, las personas que hicieron esa delacion cobarde? Si estaban seguras de lo que decian ¿por qué no daban la cara?

Consignado el auto de 23 de Mayo en las últimas diligencias sobre identidad de D. Cláudio Fontanellas, que se añadieron al proceso sobreseido en 1853, va el Juez para administrar justicia, y ¿á qué hora? A media noche. Se ha dicho con insistencia que los Jueces pueden funcionar como tales allí donde mejor les plazca. Eso es ultrajar á la Administracion de justicia. No, no es cierto que la justicia se pueda administrar en cualquiera parte; la localidad entra por mucho en la formacion de las causas, y el Juez sobre este punto debe y no puede menos de ajustarse á las prescripciones legales.

Desde muy antiguo, una Ley española determinó dónde, cuándo y cómo deben los Jueces hacer justicia. En aquella Ley, que es la 7.ª, tít. IV, Part. III, se prescribe que los Tribunales tengan *logares señalados é comunales*, y que los Jueces deben *y estar assentados desde gran mañana fasta mediodia*. Es decir, que por punto general, el Juez debe administrar justicia en el sitio destinado para la Audiencia pública, y que solo puede salir de allí cuando las Leyes relativas al caso se lo permitan.

El art. 8.° del Reglamento de Juzgados dice: «Los Jueces pueden y deben, sin necesidad de licencia, salir de la capital á los pueblos del partido, siempre que algun motivo poderoso lo reclame, como el de la mejor instruccion de una causa criminal, alguna vista ocular en negocio civil ú otras diligencias de igual naturaleza; y no dejarán de hacerlo con el auxilio necesario tan luego como sepan que en un punto de su jurisdiccion ha ocurrido conmocion popular, á fin de instruir el sumário con la urgencia que el caso requiere.»

Ahora bien; que los Jueces pueden y deben, en ocasiones dadas, salir de la capital del partido, no es lo que estamos discutiendo, y ha sido bien inoportuno hacer mencion del artículo que acabo de leer. La cuestion es que el Juez debe administrar justicia en el local público destinado al efecto, sea ó deje de ser en la capital del partido. No es menos inoportuna la Real órden de 4 de Junio de 1849, por la que se manda que los Jueces persigan todo delito inmediatamente que llegue á su noticia. ¿A qué se refiere esta Real órden? A las competencias suscitadas entre la Autoridad judicial y la gubernativa, y á la falta de muchos Jueces que se negaban á salir de la capital del partido, aguardando á que los Alcaldes y encargados de la policía instruyeran las primeras diligencias y trajeran al Juzgado la persona del delincuente y el cuerpo del delito.

Aquí ya nos abandonan las diligencias legales, y tenemos que recurrir á la práctica. ¿Cuándo el Juez debe salir del local destinado para Audiençia pública? Cuando se trata de un delito que perturba el órden social, ó de aquellos delitos cuyo cuerpo se llama transeunte, y es necesaria la presencia inmediata del Juez para apreciar sus efectos y presentarlos como prueba flagrante. Si una grave perturbacion no reclama la presencia del Juez, ó si los vestigios del delito no desaparecen fácilmente, el Juez no puede abandonar su puesto, no siendo para hacer la inspeccion ocular que exija la índole especial del asunto. Así, por ejemplo, deben presentarse el Juez y el Escribano á reconocer los estragos de un incendio, la situacion de un cadáver, ó las puertas y cerraduras quebrantadas en un robo practicado con violencia en las cosas ó en las personas. Pero ¿cómo se justifica la traslacion del Juez de Palacio á casa de D. Lamberto Fontanellas? ¿Se trataba, por ventura, de un delito que pudiera comprometer el órden público? Nadie le ha comprometido mas que el Juez; porque ese lujo de violencia y ese procedimiento á horas inusitadas era motivo mas que suficiente para causar una perturbacion. Pues qué ¿no se perseguia á un hombre enteramente solo? ¿Y no sabemos cómo se procede en España contra un hombre solo á quien se denuncia como delincuente? Que procediendo de otro modo, podria haber confabulacion; pues con haberle preso á cualquiera hora del dia ó de la noche y ponerle incomunicado, la confabulacion era ya imposible. Esto se hace cuando se trata de los mayores crímenes, cuanto mas tratándose de una simple usurpacion de estado civil.

De este modo no se daria el tristísimo ejemplo de una justicia administrada á media noche en paraje donde únicamente habia personas interesadas en la perdicion del procesado. Si algo, repito, pudo comprometer el órden público, ha sido la manera de proceder del Juez de Palacio; porque era necesario que esto sucediese en la culta Barcelona, para que no estallara la pública indignacion al ver, contra un hombre solo, tal alarde de violencia y á horas tan desusadas (1). No solo procede el Juez por delaciones anónimas, sin detenerse á examinarlas, sino que sale á administrar justicia ¿á dónde? á casa de D. Lamberto Fontanellas, de la persona mas interesada en la perdicion de D. Cláudio; y pide los primeros datos para la formacion del sumario ¿á quién? á D. Lamberto, tan interesado en ser el mayor enemigo de D. Cláudio Fontanellas.

(1) D. Cláudio Fontanellas ignoraba entonces que todo esto era un obsequio que se hacia á su persona, como luego veremos.

Declara D. Lambèrto, y dice que, despues de haber reconocido á su hermano, se le ocurrieron dudas. Ya la ocurrencia de las dudas es bastante singular; pero las dudas que le asaltaron á D. Lamberto, acaban por hacer completamente anómala y extravagante esta idea. Que el procesado no le preguntó por los muertos, ni lè habló una palabra de intereses. No quisiera agraviar á D. Lamberto; pero es preciso reconocer que con tales dudas se hacia poquísimo favor. ¡Dudar de su hermano porque no le pedia dinero! Esto equivalia á decir: tú ¿no te ocupas de intereses? Sospecho que no eres hermano mio. ¿Y qué he de decir, Excelentísimo Señor, de la ocurrencia de D. Lamberto al dudar de su hermano, porque no le hablaba de los difuntos de la familia? En primer lugar, esto no es cierto, como luego verá V. E.; mas, sobre todo, si D. Cláudio fuera un intruso. ¡Cómo entraria sollozando por la casa del Marqués! ¡Cómo preguntaria por aquella madre que él amaba tanto y por aquel padre á cuyo nombre solo se le saltarian las lágrimas! ¿No han hecho, diria seguramente, algun encargo para mí? ¿No se han acordado de este hijo en los últimos momentos de la vida? Pues esto, que es lo que hacen todos los intrusos, es lo que, segun dicen, no ha hecho D. Cláudio Fontanellas; y hé aquí que se duda de él ¿por qué? precisamente por no haber sido farsante.

Sea como quiera, las dudas insustanciales del Marqués, comparadas con la evidencia del reconocimiento, son un grano de arena al lado de una montaña, que nunca han debido servir de base ni de motivo para este sumario. ¿Pero es cierto que hubo tales dudas? No; no es verdad. El mismo D. Lamberto ha venido á confesarlo. D. Cláudio Fontanellas, no bien llegó á la casa de su hermano, preguntó por todos los individuos de la familia y habló de intereses á excitacion del mismo D. Lamberto. ¿Cómo podia suceder de otro modo? ¡Ocho dias en casa de su hermano; ocho dias con él en paseos y teatros, sin hablarle de los padres y hermanos que habian fallecido! ¿De qué hablaron entonces?

Tres meses despues se llama á D. Lamberto para que se ratifique en las dichosas dudas, y entonces D. Lamberto pierde absolutamente la memoria. «Preguntado por el Letrado defensor si es cierto que el mismo dia de la llegada de D. Cláudio, el testigo le dijo que arreglarian la herencia como los démás hermanos, y el tanto por ciento de ella, etc.» D. Lamberto contestó, «que no tiene presente ocurriera la conversacion que menciona la pregunta.» Pero si lo que se le pregunta, es lo mismo que ha declarado ¿cómo dice ahora que no lo tiene presente? Repreguntado: «si es cierto que D. Lamberto ofreció é instó á D. Cláudio para que fuera á Inglaterra con D. Eusebio Golart á viajar como rico, y D. Cláudio contestó que no queria marchar, pórque queria ver las procesiones del Corpus, y que despues iria á Madrid á visitar á su hermana,» D. Lamberto contestó, «que, de lo que comprende la pregunta no tenia presente mas que haber oido al Cláudio que deseaba ver las procesiones del Corpus de esta ciudad, y despues pasar á Madrid á visitar á su hermana.» Si alguien duda que D. Cláudio estorbaba á D. Lamberto, bástele saber que no se atreve á negar el contenido de una pregunta que envuelve un cargo tan terrible como el que acabo de leer. En esa misma contestacion ambigua está confesado que D. Cláudio hablaba de la única hermana que sobrevivia; y ¿ cómo ha podido nombrarla siquiera, sin hacer antes conversacion de las hermanas muertas?

Repreguntado D. Lamberto «si es cierto que habiendo dicho el testigo á D. Cláudio que su hermana doña Eulalia era casada, D. Cláudio preguntó, y el testigo contestó que el marido era D. Antonio de Lara, á lo que D. Cláudio repuso, en estos ó parecidos términos. ¿Dónde has tenido el conocimiento? ¿No te acuerdas que á disgustos mató á Joaquina? ¿Quieres que mate á Eulalia?» Esta pregunta decia bien claramente que D. Cláudio se ocupó de los muertos de la familia, y, sin embargo, D. Lamberto se despacha con decir que no lo tiene presente, añadiendo respecto á la pregunta hecha sobre la suerte de doña Eulalia, «que en el caso de haberle hecho la pregunta que se indica, la contestacion debió ser tambien la que se expresa.»

Se necesita, Excmo. Sr., una paciencia á toda prueba, para ver en lo que han venido á parar las tales dudas. D. Lamberto, al ratificarse, teme que alguien haya escuchado esas conversaciones, y por eso ni se atreve á negarlas, ni se atreve á contestar afirmativamente; porqué entonces se desmentiria á sí propio. Por eso apela al recurso de olvidarlo todo, hasta un suceso qne no se olvida jamás: la vuelta, por no decir resurreccion, de un hermano diez y seis años ausente, y las conversaciones habidas con él en los ocho dias inmediatos á su regreso. ¡Esto es horrible! ¡Esto es burlarse de la buena fé que debe presidir á la sustanciacion de todo procedimiento criminal! Prueba de que esto es sistemático en D. Lamberto, que no sabe rechazar un cargo gravísimo. Cuando se le dice: si es cierto que apenas llegó D. Cláudio, le excitó para que fuera á Inglaterra á viajar como rico en compañía de D. Eusebio Golart, D. Lamberto ha debido contestar inmediatamente, eso es falso, esa pregunta insidiosa envuelve un supuesto infame. Sin embargo, ni lo niega ni lo recuerda, y solo se atreve á contestar: no lo tengo presente.

Declara despues de D. Lamberto su dependiente D. Francisco Juan Martí, quien, segun se ha dicho, se retracta de su primera declaracion. Esto no es verdad. D. Francisco Martí, en su declaracion del 17, reconoció explícitamente á D. Cláudio, y demostró que este reconocimiento no habia sido efecto de la casualidad, sino fruto de un largo y detenido exámen. Dijo: «Que en efecto le reconoce por tal, fundado en el conocimiento que de él tenia antes de su desaparicion, en haber sido reconocido el testigo por dicho D. Cláudio á primera vista, y en lo que actualmente observa en su fisonomía.» Luego citó á una persona extraña, que depuso que este D. Cláudio era otro. Pero el dependiente mas antiguo de la casa de Fontanellas no se ha retrac-tado de su primera declaracion. Lo contrario se ha consignado en el proceso, y me veo en la sensible precision de decir, que no és verdad.

¿Qué fenómeno es este? El hermano reconoce á D. Cláudio; el dependiente mas antiguo de la casa tambien le reconoce; y luego personas extrañas hacen que vacile la conviccion íntima del dependiente y del hermano,

Llega D. Gerardo Rodés y declara..... Pero antes, á cualquiera se le ocurre preguntar: ¿Quién ha llamado á este D. Gerardo Rodés? ¿Quién ha llamado á D. Gabriel Romeu y á Antonio Coll, que juntos con Rodés estaban á media noche en casa de D. Lamberto? ¿Es el sumario un álbum en el que puede venir cualquiera á estampar lo que guste? Y note V. E. que las informalidades que denuncio, afectan al mismo sumario; son informalidades que se han opuesto al descubrimiento de la verdad, que han facilitado la perpetracion de un crímen, aunque tal no haya sido el ánimo del Juez, y han dejado franco el camino á la impostura. Ya que el Juez acoge una denuncia privada, guarde en buen hora el secreto; pero tome al menos las precauciones convenientes para prevenir una calumnia. Lejos de haber procedido así, se dirige para administrar justicia á la habitacion de la persona mas interesada en faltar á la verdad, y se vale de los testigos que esta misma le presenta y que tiene ya instruidos para declarar; puesto que yo supongo de buen grado que Grau, Coll y Romeu no formaban la tertulia habitual del Marqués.

Esto no tiene ejemplo en Tribunal alguno; el sumario es obra exclusiva del Juez, debe ser dirigido por el Juez, nadie debe saber de antemano por qué ni para qué se le llama, ni puede declarar sin órden expresa del Juzgado. Hé aquí por qué en este juicio no ha habido verdadero sumario.

Cita Martí á Rodés, y Rodés declara, que una tarde, en ocasion de despedirse el sugeto, llegado el dia 15 á la casa de D. Lamberto, de la señora doña Josefa Fontanellas, dijo al declarante: «Yo le conozco á V. mucho; cuanto mas le miro mas le conozco..... ¿Conoce V. á D. Gabriel Romeu que vive en la plaza de San Miguel de la Barceloneta, núm. 6, piso 1.°, encima de casa de Coll?» Es de advertir que Rodés, segun asegura, no entró en casa de Romeu hasta el año de 1853, ni ha venido á esta ciudad hasta 1850, y que, siendo de 25 años de edad cuando declaraba, tendria á lo sumo nueve años cuando D. Cláudio desapareció de Barcelona.

¿Es posible que tan pronto como Gerardo Rodés declaró en tales términos, no se le condujera á la cárcel? ¿Es posible que D. Cláudio Fontanéllas, á no estar loco, le haya hecho semejante manifestacion que equivalia á decir: yo soy Feliu, el que conociste en casa de Romeu O el procesado es Fontanellas ó Feliu: si Fontanellas, era físicamente imposible el suceso cuya revelacion se le atribuia: si Feliu, ya se hubiera librado de revelarlo. Sin embargo, añade Rodés que aquel recuerdo fué para él como un rayo de luz que iluminó su inteligencia. ¡Qué rayos de luz necesita este testigo, cuando ha menester que se le diga, yo soy un farsante, para que empiece á sospechar que la persona que tal dice, efectivamente lo es!

No solo se ha tomado por lo sério esta declaracion, sino los cargos que de ella resultan. Así se establece como verdad inconcusa que Gerardo Rodés no habia venido á Barcelona hasta 1850. ¿Y por qué? Solo porque Rodés lo afirma; y aquí vuelve á aparecer la constante diversidad de criterio en la apreciacion de los hechos. Contra el procesado, basta un solo testigo; para declarar en su favor, no bastan *cincuenta y ocho*.

Se ha repetido con insistencia que esta entrevista y estas explicaciones que mediaron entre D. Cláudio y Gerardo Rodés, constan además por confesion explícita del procesado; pero negando este que el Romeu que se le presentó, fuera el que habia conocido antes de su desaparicion, mal podia confesar que en su casa habia conocido á Rodés y, si otra cosa aparece, el mismo absurdo del supuesto prueba lo poco que hay que fiar de ciertos datos.

Aseguró tambien Rodés que, segun D. Gabriel Romeu y D. A. Coll, Claudio Feliu, trabajando en una fundicion, se habia estropeado el dedo de una mano. Es de advertir que D. Cláudio Fontanellas tiene una gran cicatriz en el dedo del corazon de la mano derécha; cicatriz que se percibe á primera vista, y que era fácil explicar por un accidente cualquiera, atribuyéndole con verdad ó sin ella á Cláudio Feliu, y estableciendo así una razon de identidad que nada significa; pues no consta que Cláudio Feliu se hubiera estropeado ningun dedo.

Declaran en seguida D. Gabriel Romeu y Antonio Coll: el primero, que conoció y trató al procesado con mucha familiaridad; y el segundo, que lo tuvo de aprendiz, y que, despedido de su casa, fué á trabajar en la fundicion del *Nuevo Vulcano.*

Llamado á ratificarse D. Gabriel Romeu, dice, que «no le preguntó Gerardo Rodés cosa alguna,» siendo así que Rodés declara haberle preguntado y sabido por Romeu la historia del viaje que habia hecho Cláudio Feliu. Tampoco hace memoria Romeu de haber dicho á Gerardo Rodés, como este asegura, que Cláudio Feliu se habia estropeado un dedo; pero reconoce la verdad del hecho añadiendo, «que le parece que la mano que vió vendada á Cláudio era *la izquierda.*»

Resulta, pues, atendidas las declaraciones de Gerardo Rodés, Gabriel Romeu y Antonio Coll, que estaban cansados de conocer á Cláudio Feliu; Rodés por ser contertulio suyo; Romeu por haberle tratado con familiaridad, y Coll por haberlo tenido dos años de aprendiz. Y á todo esto se ocurre preguntar ¿qué objeto ha tenido la emboscada de la fábrica del *Nuevo Vulcano?* ¿Por qué lo acechaban para reconocer bien su fisonomía? ¿Quién los llevó á la fundicion? Se ha dicho que Gerardo Rodés.

Hasta este punto se aseveran hechos contra lo que clara y terminantemente resulta del sumario. ¿Quién preparó la emboscada del *Nuevo Vulcano?* D. Lamberto por medio de su cajero Subirána. ¿Quién lo dice? Los mismos que asistieron á la cita. ¿Tomó parte D. Lamberto en esta emboscada? Tanto, que acompañó á su hermano en el paseo y lo llevó á la fundicion en compañía de Golard.

Viene D. Lamberto á ratificarse, y dice, que oyó hablar de este paseo. De nada se acuerda el Marqués; sin embargo, los que estaban agazapados detrás de las vidrieras de la fundicion, declaran haberle visto pasar con su hermano. Dice además Rodés, que asistió á la emboscada *de acuerdo con D. Lamberto Fontanellas y á solicitud del mismo.* Añade Coll que Subirana, cajero de D. Lamberto, le pidió que asistiese á la fundicion en obsequio de dicho señor. Ahora bien ¿por qué D. Lamberto se recata de haber asistido á la emboscada? ¿Por qué huye de confesar que la promovió él mismo, y que la promovió por me-

dio de su cajero? Misterio es este que no tiene disculpa, cuando se trata de perder á un hombre.

Tambien afirman estos testigos que Cláudio Feliu seguia en América
la carrera de las armas, y que le habian embarcado sus padres, porque
no podian soportar sus calaveradas. De este punto me ocuparé mas
adelante.

Dos testigos mas aparecen declarando sin que nadie los llame. ¿Dónde está, si no, el llamamiento de Ramon y Celestino Feliu? Cuando vienen á comprometer de un modo tan grave la situacion del procesado,
persona, al parecer, de su misma familia ¿cómo es que acuden espontáneamente? Tomando en consideracion que tales testigos no asis-
tirian de ordinario á aquella casa ¿por qué y para qué venian? Dicho se
está que tales testigos fueron convocados é instruidos por D. Lamberto.

A Rodés, Coll y Romeu se les tomó declaracion prévia, y hacién-
doles ver al procesado, se extendió una diligencia, que se llama formalmente careo. Con Ramon y Celestino Feliu, ni siquiera se ha tenido
el cuidado de tomarles declaracion. Entran, y todo el careo se reduce
á preguntarles: ¿Conocen VV. al señor? —Es mi sobrino Cláudio; es
Cláudio, hermano mio. — Están VV. despachados. A esto se llama administrar justicia; esto se llama sériamente un careo.

El autor mas comun entre las personas que se dedican al Foro, el
clásico Febrero, al hablar de los careos, reprueba un abuso en el que
suelen incurrir de la mejor buena fé algunos Jueces y Escribanos.
Dice que es indispensable tomar declaraciones prévias y provocar entre los testigos y el procesado mútuos cargos y reconvenciones, con-
signando por diligencia cuanto se diga por una y otra parte. Y como á
veces el Escribano, no queriendo tomarse la molestia de reproducir
todo el diálogo, termina con la cláusula «se hicieron otras varias preguntas y reconvenciones sin resultado alguno en averiguacion de la
verdad,» opina Febrero, al ocuparse de esta cláusula, que «el Escribano que la inserta y el Juez que la consiente, son igualmente criminales.»

Pues si el Juez y el Escribano son igualmente criminales cuando
no consignan por diligencia todo el diálogo ¿qué hemos de decir cuando
le suprimen por completo? Yo no afirmaré, Excmo. Sr., que el Juez haya
procedido de mala fé: eso V. E. lo ha de decir; pero si procuraba el
descubrimiento de la verdad ¿por qué no excitó á los supuestos tio y
sobrino del procesado, para que hicieran cargos á este, y entraran en

una série de reconvenciones, que acabarian por confundir al que en realidad se presentara á sostener una impostura? Mas no parece sino que el Juez, lejos de ir en busca de la verdad, huye temblando de ella, como huye de la luz del dia para dar principio á este sumario.

Entonces llegaron de Madrid los Marqueses de Villamediana. Tampoco se les tomó declaracion prévia. Se empezó por presentar al procesado, preguntándoles si le conocian; contestaron que no, y asunto concluido. ¡Y tal manera de proceder ha merecido los elogios del Ministerio Fiscal! ¡Ah, Excmo. Sr.! ¿Para cuándo son las censuras? Se alaba al Juez de Palacio por haber autorizado careos mudos; y una de dos, ó esos careos fueron mudos en realidad, ó no lo fueron. En el primer caso, el Juez y el Escribano incurrieron en una falta mayor de la que el mismo Febrero llama criminal. En el segundo, el Juez y el Escribano son gravemente responsables, por no haber consignado por diligencia la parte esencialísima del careo.

¿Qué ocasion mas á propósito para salir de dudas y saber si el procesado era realmente culpable? ¡Encontrarse ante una hermana y un hermano político; verse precisado á compartir con ellos, á referir su historia y á contestar á todas sus preguntas sobre los sucesos de la familia! ¿Por qué, pues, no se han hecho esas preguntas? Y si realmente se hicieron y el procesado contestó mal ¿por qué no se consignaron sus contestaciones? ¿No era posible que, atendido el trascurso de tiempo y los trabajos sufridos por el procesado, le desconocieran á simple vista sus mismos hermanos? ¿Es lo mismo desconocer la figura, que desconocer la persona? ¿Cómo, pues, ya que los Marqueses afectaron desconocer la figura de D. Cláudio, no se trató de ver si conocian su personalidad, conversando con él?

¿Pero cuándo acabaré de referir el cúmulo de informalidades que tuvieron lugar en aquella noche? D. Lamberto Fontanellas y su dependiente Martí declararon que D. Cláudio trajo *varios diplomas* como militar al servicio de la República Argentina. Si eran varios ¿por qué no pareció mas que uno? ¿Cómo el Juez no mandó buscar inmediatamente los restantes? No se diga, no, que la variedad de diplomas es una mera indicacion del procesado; porque esto no es verdad. Antes que el procesado, dijeron lo propio D. Lamberto y su dependiente. Si esos diplomas no han parecido, fué porque nadie se cuidó de buscarlos, como nadie buscó los efectos del viajero que D. Lamberto entregó en el Juzgado tres dias despues. No quiero ocuparme aquí de nada que no pertenezca al proceso; pero no puedo menos de lamentar el cúmulo de noticias falsas que se han dado para pervertir la opinion, respecto á lo sucedido la noche del 23 en casa de D. Lamberto. Cuando se recurre á la impostura, señal que de ella se necesita. D. Cláudio, en la declaracion que prestó aquella noche, dijo que, antes de su desaparicion, camino de Sarriá, se habia roto la pierna derecha cerca del tobillo; sin embargo, se hizo entender á toda España que no recordaba haberse roto ni dislocado pierna alguna. ¿Por qué se ha dicho esto? ¿Por qué no se ha rectificado tan pronto como fué manifiesto el error? La razon es obvia. Se trataba de hacer creer al público la impostura de D. Cláudio Fontanellas, y era preciso prevenir la incredulidad.

Las personas medianamente ilustradas en antecedentes de esta clase, saben que eso de introducirse en casa ajena para usurpar el nombre de otra persona y hacerse reconocer por toda una familia, la mayor parte de las veces no ha sido mas que una quimera, una invencion ridícula para despojar á determinada persona de su legítimo nombre y sus derechos. Farsas de este género solo han ocurrido en puntos retirados de la sociedad, y por el espacio de tiempo puramente necesario para hacer lo que el Baron de Illescas, de Moratin: disponer el hatillo con alguna cosa de provecho y descolgarse por la ventana. La farsa nunca ha durado mas; porque es imposible sostenerla por mas tiempo. Colocarse una persona en lugar de otra; identificarse con ella; representar su figura, su voz y todos los accidentes de su persona; saber de antemano las contestaciones necesarias para resistir á un exámen de muchos dias, esto es imposible, completamente imposible; esto no ha sucedido jamás, y cuando tales historias se han venido contando á los Tribunales de justicia, siempre se ha visto que la impostura estaba de parte de los delatores.

Anselmo Collet viste capisayos de obispo y los lleva por algun tiempo entre personas que no le conocen. Estas farsas han sido muy frecuentes; pero solo han durado lo necesario para cometer pasajeramente alguna estafa. Mas, de esto, á reemplazar á una persona determinada en su país, en el seno de su familia, entre la multitud de relaciones que tiene esta familia en la segunda capital de España, va una distancia inmensa, y el público no podia menos de resistirse á creer tan prodigiosa audacia.

Hé aquí por qué se ha dicho: no sabe nada, no da razon de nada: el legítimo D. Cláudio se ha fraturó una pierna, y el impostor ignora este accidente. A no haber faltado á la verdad hasta ese punto, nadie en

España hubiera creido en la supuesta farsa de D. Cláudio Fontanellas.
Y por cierto, Excmo. Sr., que si D. Cláudio Fontanellas es farsante,
hay que reconocer que es el primer farsante del mundo. Durante los
ocho dias que estuvo en casa de D. Lamberto, hubo de satisfacer con
sus noticias y explicaciones á su hermano, á sus criados, á los amigos de la niñez que presurosos corrieron á abrazarle y al público
entero de Barcelona, sin que hasta ahora se haya denunciado un solo
embuste, una sola equivocacion cometida por D. Cláudio, al verse
sometido á tan difícil prueba. Mas apenas fué negado por sus hermanos y se le condujo á la cárcel, allí ya empieza á ser el farsante
mas inepto del mundo.

Entonces sucedió una cosa que no afirmo ni niego. Es una vulga-
ridad muy frecuente en negocios de esta especie suponer crímenes
misteriosos, y no quiero en esta parte hacerme eco de las preocupa-
ciones del vulgo; pero no es posible confundir con el vulgo á Letrados
dignísimos que se creyeron en la obligacion de denunciar tan horrible
suceso. Segun resulta del escrito de defensa de 2 de Julio de 1861,
D. Cláudio Fontanellas en la madrugada del 24 de Mayo estaba enfermo de gravedad. Pues qué, ¿no habia dicho D. Lamberto á su hermana nueve dias antes que Cláudio acababa de llegar sano y bueno? ¿Qué
causa quebrantó repentinamente su salud? Yo sé hasta qué punto deben despreciarse las hablillas de los presos, y que no debe tomarse en
consideracion el desahogo natural de su maledicencia contra Jueces,
Escribanos y cuantas personas intervienen en la administracion de
justicia; pero dos Letrados aseguran bajo su firma que mi defendido
se encontraba moribundo en la mañana del 24, á consecuencia de un
vaso de agua con azucarillo, que bebió al salir de la casa paterna. Se
han ofrecido suficientes testimonios para acreditar que la enfermedad
de D. Cláudio procedia de envenenamiento, y esta revelacion gravísima
no ha dado lugar á diligencia alguna. ¡Ah! no vale, no, decir, eso es
una patraña inventada para hacer efecto. Cierto ó falso el hecho denunciado, era indispensable proceder; si era cierto, para castigar el crímen; si era falso, para castigar la maledicencia. No hago en esto un cargo
al Tribunal; porque V. E. cumple con juzgar y sentenciar definitiva-
mente los negocios sometidos á su fallo. Y si no, ¿para qué está el Ministerio Público? ¿Pero es cierto, Excmo. Sr., que cerca de V. E. hay
un centinela de la ley, encargado de promover el descubrimiento de
los delitos y el castigo de los delincuentes? Yo ciertamente lo ig-

noraba; porque hace año y medio que se dice en el proceso y por medio de la prensa, que en la cárcel de Barcelona se ha envenenado á un hombre, y á la hora presente aun no se ha hecho la primera diligencia para saber lo que hay de cierto en tan grave aseveracion, á la vez que se procede de oficio y solo por noticias confidenciales, para perseguir un simple delito de usurpacion de nombre.

Aun no bastaba todo esto. Se pregunta á D. Lamberto quiénes eran los amigos de la niñez de D. Cláudio, y con tal pregunta, el Juez, que es quien debe convocar á todas las personas cuyos testimonios han de servir de base al sumario, pide datos á D. Lamberto. Entonces vienen á declarar Freixer, Aromir, Doña Bernarda Prim y D. Luis Sala, testigos propuestos por D. Lamberto. ¿Y qué es lo que han declarado?

Todos reconocieron á D. Cláudio en el momento de llegar; todos le abrazaron; todos celebraron su venida, pregonando por Barcelona tan fausto suceso. Aromir era tan amigo suyo, que no se separó de él; con él fué á Sarriá; con él al teatro y á los sitios mas públicos de la ciudad. Así lo confiesa él mismo en las ratificaciones; pero despues de haber conocido y dado á conocer á D. Cláudio, le desconoció en la cárcel. ¿Es esto posible? Yo no lo puedo creer.

Mas, supongamos que sea cierto el *quid pro quo*: es necesario tener poquísima aprehension para declarar de esta manera. No solo Aromir; tambien Freixer reconoció á D. Cláudio, como lo reconocieron Subirana y Golart que le llevaron en triunfo por Barcelona. ¡Ah! Conocisteis al procesado por D. Cláudio Fontanellas; llorasteis con él de alegría, y ahora asegurais que os habeis equivocado. ¿Qué quiere decir esto? Que conocisteis á D. Cláudio Fontanellas cuando le visteis en la opulenta casa de su hermano, y le negasteis al verle sumido en un calabozo. Basta; no necesitamos mas para saber quiénes sois.

Doña Bernarda Prim, confiesa que al ver á D. Cláudio, estaba tan conmovida, que creyó que era efectivamente el mismo; de modo que esta buena señora se conmueve antes de saber por qué; pero se conmueve de tal modo, que no puede reconocer á la persona que tiene á la vista; y sin embargo, la conoce por D. Cláudio Fontanellas. Esto es un desatino que no se puede llevar en paciencia. Dice que habló á don Cláudio del encargo que para él habia hecho su madre moribunda á la testigo, «y que D. Cláudio no se enterneció.» Sin duda que no se habrá enternecido por el estilo de doña Bernarda; mas importa consignar este dato; porque prueba que doña Eulalia de Sala no estaba en la inteligencia de que su hijo era muerto, cuando para él dejaba tales encargos.

Aquí, Señor, llegaba el sumario, y no puede menos de lamentarse, al empezar el análisis de las diligencias sucesivas, que no haya antecedente ni dato alguno que nos sirva de base para apreciar hasta qué punto estaba trastornada la salud de D. Cláudio Fontanellas; pero de que D. Cláudio Fontanellas estaba gravísimamente enfermo en aquellos días, no cabe duda; porque así consta en el proceso y en la cárcel. Leopoldo Rossi manifiesta en el plenario que le ha visto moribundo, y echa de menos esta circunstancia en su primera declaracion. Los facultativos que le visitaron y reconocieron, contestan en el mismo plenario, asintiendo al supuesto de que D. Cláudio Fontanellas estaba enfermo en cama. Aparte de esto, consta que desde el dia en que D. Cláudio, fué reducido á prision se le trasladó á la enfermería, y no salió de ella durante todo el sumario.

Pues para apreciar lo que un hombre declara, es preciso conocer el estado de su cerebro; hay que saber si delira; pero este punto se abandonó por completo. Y ciertamente, que si en la madrugada del 24, D. Cláudio Fontanellas hubiese muerto, víctima de aquella enfermedad misteriosa, un poco de tierra hubiera cubierto su cadáver, y con él acaso una horrible tragedia. Mas la Providencia no lo ha consentido, y hé aquí á lo que conduce la falta del Ministerio Público, cuando desprecia lo que no puede ni debe despreciarse: porque ahora, prescindiendo del delito que ha podido quedar impune, acabamos por dudar si don Cláudio estaba en su sano juicio, cuando ocurrieron las declaraciones mas importantes.

Entonces, precisamente entonces, se sintió la necesidad de reforzar el sumario; entonces fué cuando se recurrió al extremo de buscar unos padres para D. Cláudio Fontanellas. Pido, Excmo. Sr., que no se me consienta la mas ligera inexactitud, y protesto que por mi parte tampoco consentiré ninguna; y en esta resolucion de ser rigurosamente exacto, debo rectificar una especie que he sentado antes de ahora. Al describir cómo se presentó en el Juzgado Joaquin Feliu, he dicho que nadie le llamó; entiéndase que no fué citado, ni mucho menos se le mandó traer la partida de bautismo que presentó en el acto de comparecer. Además de Joaquin Feliu, ni Joaquina Fontanills, ni sus dos hijos, han sido citados para que vinieran á declarar; y puesto que el sumario es secreto ¿por qué secreta inteligencia comprendieron que se les llamaba?

Joaquin Feliu, el dia 29 de Mayo, se presentó en el Juzgado, y dijo, al ratificarse, que lo habia hecho para salir de dudas. Este testigo falta manifiestamente á la verdad: si hubiera tratado de salir de dudas, empezaria por solicitar permiso para ver á su hijo; lejos de haber hecho esto, empezó por declarar que el procesado, á quien no habia visto, era hijo suyo, presentando al propio tiempo la partida de bautismo que aseguraba su condenacion. Descargado este golpe, vuelve á casa y no se acuerda de ver á su hijo. ¡Excelente manera de salir de dudas!

Cuenta Joaquin la historia de su hijo y dice: «que se embarcó en una polacra, cuyo capitan, si mal no recuerda, se llamaba Sala, saliendo directamente para Buenos Aires, con pasaporte y conocimiento y aprobacion del testigo, quien se lo dió á su instancia; pues tiempo hacia que deseaba trasladarse á dicho punto para probar fortuna.» A los cinco dias vuelve al Juzgado, y es á cuanto puede llegarse, decir que Joaquin Feliu ha sido consecuente en sus declaraciones; pues comparecido segunda vez, declaró literalmente: que al prestar su primera declaracion «estaba en la inteligencia y persuasion de que su hijo Cláudio habia salido para Buenos Aires en una polacra, cuyo capitan se llamaba Sala, ¡porque así se lo habia hecho entender su familia despues de la marcha de Cláudio; pues que al tiempo de verificarse esta, se le ocultó por dicha su familia, atendido el estado delicado de salud del declarante, apenas convaleciente de un ataque apoplético; pero como posteriormente á su referida declaracion le haya hecho presente la misma familia que el D. Cláudio se marchó por sí y ante sí, y que ignoraba aquella el buque en que lo verificara, desea el testigo que los hechos consten tal cual ocurrieron, y en consecuencia ignora el dicente en qué buque marchara el D. Cláudio.»

De modo, que el dia 29 habia dicho: mi hijo salió con pasaporte y en la polacra capitan Sala; luego: ignoro cómo, ni en qué buque salió. Antes: salió con mi consentimiento; despues: no le dí consentimiento alguno. Primero: fué para Buenos Aires; ahora: ignoro á dónde fué. Afortunadamente un ataque apoplético sirve de recurso á Joaquin Feliu, para salir del paso y excusarse de dar explicaciones. A esto, sin embargo, se lo llama muy formalmente corroborar una declaracion con otra. Testigos que de tal modo declaran, desde el Juzgado no vuelven á su casa; van á la cárcel.

Aquí, el Juez instructor ha olvidado por completo las doctrinas de la ciencia médico-legal y las enseñanzas de la práctica en cuestiones de identidad. Segun la legislacion francesa, mas explícita que la nuestra en esta parte, no bastan declaraciones testificales para identificar á una persona, ó no deben ser el principal elemento de la prueba. La legislacion francesa antepone á la prueba testifical, las documentales ó cualesquiera otras que acrediten la posesion; y este es el espíritu de nuestras leyes patrias.

Pues bien, Joaquin Feliu y Joaquina Fontanills ¿no sabian dar ninguna seña natural ó accidental de su hijo? Cláudio Feliu ¿no tenia alguna particularidad que le distinguiera de cualquiera otra persona? El Juez no preguntó nada y ¡qué triste es llegar á esta parte del sumario! Joaquina Fontanills, dice: me voy á afectar mucho si no me reconoce por madre. Entonces se practica el reconocimiento por una rejilla y á través de una tela metálica (y el que quiera ver el teatro de la escena, puede dar un paseo por la cárcel) declarando los consortes Feliu que lo que veian á través de aquella tela metálica y de aquella rejilla ¡era su hijo!

Por cierto, que al lanzar contra un hijo una acusacion de esta clase, parece poca toda la luz del medio dia; mas á los consortes Feliu les sobra la opaca luz de aquel recinto. Dicen que el procesado es hijo suyo; le vuelven la espalda y no se acuerdan mas de él. Caso idéntico al de Francisco Babilot; segunda edicion del reconocimiento hecho por la mujer de Pasti; porque allí dieron fin las demostraciones de amor; y si Joaquina Fontanills aseguró de palabra que el procesado era hijo suyo, harto lo desmintió con su conducta.

Los consortes Feliu supieron decir que eran padres; mas no han sabido parecerlo; y en cuanto se refiere al sentimiento, los hechos tienen mas elocuencia que las palabras. Su conducta subleva á todas las madres, que ven en esa farsa el mas indigno ultraje á la santidad de su amor. Lo natural hubiera sido auxiliar á aquella pobre criatura que, aunque culpable, nunca dejaria de ser su hijo, y disuadirle de persistir en la maldad. Esto lo hubieran hecho un padre y una madre cualesquiera; pero los esposos Feliu confiesan al ratificarse, que no dirigieron encargo alguno á su hijo, aconsejándole que desistiera del crímen intentado; no le dieron consejos; no le hicieron amonestaciones; y luego, aprovecharon la ocasion en que se hallaba envenenada su alma, y acaso tambien su cuerpo, para lanzar sobre él una acusacion terrible, llevando en la mano el documento justificativo de su culpa.....

¡Ah! en el arrebato de una pasion ardiente se concibe hasta el parricidio; pero unos padres fria y despiadadamente delatores de su hijo medio exánime, no los llameis, por Dios, padres desalmados; decid mas bien que no son padres!

Me he propuesto, Excmo. Sr., analizar el sumario en la parte desfavorable á D. Cláudio Fontanellas, para examinar despues la parte del mismo sumario que bastaria para su justificacion. Por eso no me he ocupado de la indagatoria y demás declaraciones de D. Cláudio, ni de los testigos cuyas declaraciones le favorecen. Voy, si embargo, á tratar dos puntos incidentales á fin de simplificar la defensa. D. Cláudio Fontanellas en su declaracion del 17 de Mayo dijo, que tenia unos treinta y tres años, y dias despues afirmó que tenia treinta y cinco. Parece ser además que en su indagatoria no acertó á decir el apellido de su madre. Señor, si mi defendido fuera un farsante ¿qué menos hubiera hecho que averiguar fijamente la edad de D. Cláudio Fontanellas y el nombre y apellido de sus padres y abuelos? Pues todo, todo esto lo hubiera sabido á ciencia cierta, sin mas que la partida de bautismo de D. Cláudio; y ciertamente que el medio estaba al alcance del mas adocenado impostor.

Representar por espacio de ocho dias el papel mas comprometido y no aparecer en el sumario una sola persona que declare haber sorprendido en sus labios un embuste, como no sea el embuste de Gerardo Rodés, esto no lo hace ningun farsante del mundo; pero al mismo tiempo, D. Cláudio ignoraba fijamente su edad y hasta el apellido de su madre. Es de advertir, que en Buenos Aires, como en España y donde quiera que el servicio militar se encuentra regularmente organizado, los oficiales, en las revistas de Comisario, firman con los apellidos paterno y materno. De modo, que D. Cláudio Fontanellas estaba cansado de firmar Cláudio Fontanellas y Sala, cuando aparece ignorando el apellido de su madre. ¿Dónde consta esto? En Buenos Aires, que no han de venir del Mogol pruebas de identidad para quien no ha salido de la República Argentina (1). Si este y otros datos no constan en el proceso, que no se culpe al procesado; porque yo respeto las razones que habrá tenido V. E. para impedir que vinieran justificantes de aquella república; pero lo que no se permite probar,

(1) Es claro que habrá empezado á usar el verdadero apellido de su madre, cuando dejó el nombre supuesto.

tampoco puede negarse; y si por nuestra parte no podemos exigir que se dé asentimiento al resultado de una prueba que aun está por hacer, el Ministerio Fiscal tampoco puede negar el resultado de una prueba que no ha sido admitida. Pero, ante todo, si D. Cláudio Fontanellas no recordó en efecto el apellido de su madre ¿cuál seria entonces el estado de su cerebro? ¿cómo estaria D. Claudio en aquellas horas de tribulacion? Sobre este particular se nos ha negado la luz indispensable para esclarecer el misterio; mas en medio de tan tenebrosas dudas, hay un hecho positivo que desautoriza la parte fundamental del proceso, y es, que D. Cláudio estuvo enfermo de gravedad, no uno ni dos dias, sino durante todo el sumario (1).

A medida que se acumulaban las declaraciones que presentaban á D. Cláudio como usurpador de estado civil, la verdad brotaba por sí misma en medio de tanta maleza; y como era imprescindible examinar al piloto y al capitan del buque que le ha traido á Barcelona, se les tomó declaracion y resultó, que le conocieron en Buenos Aires con el apellido de Fontanellas, y que el piloto Antonio Roig le excitó para que volviese al seno de su familia. Como es de suponer, este piloto no hubiera tenido tal empeño en traerle á Barcelona, á no ver que don

(1) D. Cláudio Fontanellas persiste en negar el hecho de no haber acertado á expresar el apellido de su madre; no obstante que aun siendo cierto, nada significaria. En Cataluña es muy comun que la mujer, desde el dia en que se casa, deje el apellido propio por el de su marido; y esta ignorancia del apellido materno fué muy general, hasta que por leyes modernas se mandó mencionarle en documentos públicos; pero antiguamente se omitia en escrituras solemnes y hasta en partidas de bautismo, defunciones y desposorios. En el ruidoso pleito entre doña Josefa Estañol y consortes con D. Jacinto Cuyás, en el que es parte el Ayuntamiento de Barcelona, no ha sido posible averiguar los apellidos de una doña Rosa y una doña Ana; porque ninguno de los sucesores los recordó, ni están expresados en los documentos que acreditaron la sucesion de las mismas. Un tal Francisco Pon, hortelano de la calle de San Francisco de Vich, actualmente expatriado en Lyon, no pudo hallar en la Doma de la primera ciudad, ni su fé de pila, ni la de su hijo, por no saber, ni el uno, ni el otro, el apellido de su esposa y madre respectiva; con la particularidad de que tampoco lo supieron sus antiguos vecinos. El Cónsul de S. M. en Lyon tiene de ello conocimiento.

Repito que á pesar de esto y de lo que se ha escrito, D. Cláudio Fontanellas niega la exactitud del cargo.

Cláudio era realmente conocido por Fontanellas y que gozaba de público este nombre : luego, si D. Cláudio es un farsante, estaba representando la farsa á muchísimas de leguas de distancia y hace algunos años.

Don Buenaventura Soler, en 1858, vió tambien en Buenos Aires á mi defendido, y al saber que se titulaba Fontanellas, le tuvo por maniático; pero en vista de que D. Lamberto le habia recibido en su casa, varió de opinion. Luego, D. Cláudio era ya Fontanellas en Buenos Aires, hace cuatro ó cinco años.

Dos testigos se presentan pidiendo que se les tome declaracion. ¿Qué farsa es esta que inspira tales simpatías? Los hermanos Ferrer y Romá tambien conocieron á D. Cláudio en Buenos Aires por el apellido Fontanellas, cuando era militar al servicio de aquella república; y el segundo de los hermanos Ferrer y Romá asegura que el diploma que se le presenta, es cuando menos parecido al que D. Cláudio le enseñó en Paraná.

Mas todos estos datos y testimonios irrecusables que debian favorecer al procesado, se convierten contra él; y en esta parte, hay que reconocer que el Juez de primera instancia ha sido consecuente. Si el procesado no es D. Cláudio Fontanellas, obró con premeditacion conocida; porque no es posible negar crédito á testigos no tachados en concepto alguno y que espontáneamente, ó llamados por el Juez, vienen á declarar un antecedente que, á ser falso, podria tan fácilmente desmentirse. Solo resta saber, si hay persona que de buena fé crea en una farsa urdida hace tanto tiempo y á tantísima distancia de Barcelona, siendo necesario, para que pudiera efectuarse, que Cláudio Feliu, calavera sin instruccion ni talento, y entonces de veinte años de edad, haya salido de Barcelona, y llegando á Buenos Aires, lograra ser de repente Alférez de artillería.

Tres circunstancias, Excmo. Sr., se han aprovechado para dar á tan atrevido supuesto cierto carácter de verosimilitud. La primera, que mi defendido representa menos edad de la que tiene; la segunda, su desgracia de no haber recibido una educacion primaria tan esmerada como correspondia á su clase; y la tercera, la singularidad notabilísima de su carácter.

Es preciso convenir en que D. Cláudio Fontanellas representa cuatro ó cinco años menos de los que tiene en realidad; pero ¿no tendrá mas que veinticinco años y diez meses? ¿Hay quién se atreva á decir que no pasa de treinta y dos? Pues siendo como es una verdad manifiesta que pasa de treinta y dos años, mi defendido no puede ser Cláudio Feliu; y no siendo Feliu, no puede ser otro que D. Cláudio Fontanellas, represente ó no su verdadera edad. Es por lo tanto grave error decir que el procesado no puede ser Fontanellas ; porque no representa cuarenta años.

Los grandes maestros de la ciencia médico-legal sostienen que la edad de las personas no puede ni debe determinarse por simples datos fisiológicos. Hasta los veinte años, los diversos períodos de la denticion indican aproximadamente la edad ; pero no hay dato seguro para determinarla, pasados los veinte años, y especialmente cuando ha brotado el último de los molares, llamado vulgarmente muela del juicio; aunque hay personas que pasan de treinta, sin que les haya salido. Fuera de este, cuantos datos fisiológicos pueden apreciarse, no son mas que apariencias que dependen de la mayor ó menor fortaleza del organismo; el cual se deteriora mas ó menos, segun el clima, vicios, costumbres y padecimientos físicos ó morales que trabajan la existencia; por cuya razon, hay familias enteras cuyos individuos representan mas ó menos edad, contribuyendo á ello y de una manera especialísima, amen de las causas enumeradas, la mayor ó menor firmeza de carácter.

Pues bien : los facultativos que durante el sumario reconocieron á D. Cláudio Fontanellas, cuando en el plenario se les pregunta si han reconocido la boca, contestan literalmente «que si mal no recuerdan, les parece que no reconocieron los dientes.» De modo, que el único dato verdaderamente facultativo no le han tomado en cuenta; se limitaron á juzgar por apariencias; y en verdad que para esto no necesitábamos de la fisiologia.

Todo el dictámen facultativo referente á la edad está expresado con estas solas palabras: «que tiene (D. Cláudio), atendida su constitucion y desarrollo muscular y demás datos fisiológicos, unos veinticuatro ó veintiseis años.» Esto han dicho los médicos, sin cuidarse de razonar su dictámen; y es preciso que tengan entendido estos señores, que la especialidad de su ciencia no les autoriza para despacharse de esa manera dogmática; que no basta decir, el procesado tiene tantos años, segun nuestro mucho saber; porque la ciencia médico-legal no es patrimonio exclusivo de los médicos; y en dictámenes de esta clase, hay que exponer claramente la razon; pues si la razon no es satisfactoria, acabaremos por rechazar el dictámen, acatando como es debido la autoridad de la ciencia.

Orfila y Devergie, las dos grandes autoridades que hay en la materia, reprueban esa ligereza en determinar la edad; y hay entre mil un antecedente que hace visibles las consecuencias. He dicho que Remy Baronnet tenia quince años mas que Francisco Babilot; exactamente la misma diferencia de edad que media entre mi defendido y Cláudio Feliu. ¿Cómo es posible, pregunta Orfila, hacer pasar á un hombre por otro quince años mas jóven? Pues el hecho es cierto; y cuando fué reconocida la inocencia de Baronnet, se vió que este, por su aspecto afeminado, representaba muchos años menos de los que en realidad tenia. Un célebre facultativo de Francia declaró entonces, que era en extremo temerario determinar la edad, cuando no está indicada por la denticion; que, despues de todo, es un dato inseguro.

Siendo esta la verdad práctica y lo que nos enseñan los grandes maestros de la ciencia ¿en qué se fundan los facultativos Almirall y Mandado, para declarar que D. Cláudio tiene de veinticuatro á veintiseis años? «En su constitucion, desarrollo muscular y demás datos fisiológicos.» Eso no es decir nada; y cuando se trata de emitir un dictámen que puede ser de consecuencias tan desastrosas, se necesita mas pulso, mas detenimiento y, sobre todo, menos dogmatismo.

Enlazada con la cuestion de edad, viene la que se ha suscitado sobre las señas naturales y accidentales de D. Cláudio. Este habia dicho en su declaracion del 23 de Mayo, que antes de su desaparicion se rompió la pierna derecha cerca del tobillo. El Juez pregunta á los médicos forenses si existia señal de haberse roto la pierna derecha de D. Cláudio, y los facultativos declaran que «no han encontrado en toda la extension de la tibia y el peroné, ó sea de los huesos que forman la pierna, señal alguna que indique haber sufrido aquellos huesos fractura alguna.» Pues, por otra rara coincidencia, Remy Baronnet decia, que antes de desaparecer, se habia roto un brazo; y aun despues de identificado, no se halló la menor señal de fractura. ¿Cómo podia ser esto? El doctor Louis declaró, que bien podia Remy Baronnet estar en la inteligencia de haberse roto un brazo, sin que el accidente hubiera sido mas que una dislocacion, y que tambien aunque hubiera habido fractura, podia ser de tal naturaleza y hallarse tan corregida por el trascurso de machísimos años, que no ofreciera al exterior ninguna señal perceptible.

Resulta, pues, que si D. Cláudio Fontanellas se quebrantó en realidad una pierna hace mas de diez y ocho años, el que hoy no se encuentre en la misma pierna señal de fractura, no prueba que el procesado no sea D. Cláudio Fontanellas; porque esa fractura puede estar perfectamente corregida, por lo menos hasta el punto de no ofrecer señales exteriores. Pero, ¿cómo es que el procesado, siendo un farsante, no vacila en declarar una señal que le compromete y expone á un reconocimiento facultativo? Es que la fractura no ha sido tal, sino verdadera dislocacion. Así lo reconocieron los Marqueses de Casa-Fontanellas y de Villamediana, y cuantos testigos fueron concretamente examinados acerca de este punto. En tal supuesto, el primer dictámen facultativo en nada perjudica á D. Cláudio Fontanellas; porque el que no aparezca señal alguna de haberse fracturado la tibia y el peroné, eso no prueba que la pierna no se haya dislocado cerca del tobillo. Por lo que toca á la cicatriz del dedo del corazon de la mano derecha, lejos de perjudicar á D. Cláudio Fontanellas ese dictámen facultativo, le favorece; puesto que los médicos reconocen que, al parecer, la herida fué *producida por un cuerpo cortante;* lo cual excluye toda idea de magullamiento ó destrozo de carne, que sin duda existiria, á haberse estropeado dicho dedo, como cuentan de Cláudio Feliu; mientras conviene con la explicacion que da D. Cláudio, de haber sido herido con espada.

Otra circunstancia que se ha explotado mucho, es que mi defendido carece de verdadera instruccion primaria. No se podia decir que D. Cláudio Fontanellas estudiaba gramática y geografía, sino que iba al colegio donde se enseñaban estas cosas; lo cual es muy distinto. Aunque hijo de una persona acaudalada, que luego fué Marqués, vivió en el abandono mas completo hasta la edad de veintitres años, y trasladado á Buenos Aires, todo el tiempo restante lo pasó en campaña, que por cierto no es donde se aprende mas literatura. Añádase á esto que es catalan y que aprendió el castellano en América; por cuya razon, cuando escribe, aparece muy distinto de lo que es en sociedad, y mientras que tiene la soltura de modales y buen trato de una persona bien nacida, desmerece considerablemente en sus escritos; pero cuantos le trátan y conocen, podrán decir si ha perdido el tiempo en el estudio práctico de su profesion.

Calígrafos nombrados al efecto reconocieron las cartas del secuestro, comparándolas con escritos indubitados de D. Cláudio, en los que figuran las cartas de un libro copiador presentado por D. Lamberto, cuyo libro pasa tambien por indubitado, sin mas que porque dice D. Lamberto que tal carta y tal otra son de letra de su hermano. Comprobadas las cartas del secuestro con la que D. Cláudio escribió á bordo del bergantin *Puerto-Rico*, sostienen los calígrafos que la escritura de las primeras «no guarda ninguna relacion directa ni indirecta con la de esta;» que hay una diferencia esencial en rasgos y caidos, y que la ortografía, si bien en todas incorrecta, lo es mucho mas en la última carta. La diferencia ó analogía de la letra es punto que dejo por completo al buen criterio del Tribunal; pues en esta materia todos somos peritos. Para mí, entre la primera carta del secuestro, la firma de la segunda y los demás escritos indubitados de D. Cláudio, hay mas analogía de la que suele hallarse entre escritos de un mismo individuo, que difieren en diez y seis años de fecha.

En cuanto á la ortografía, yo no sé de dónde sacan los calígrafos que esa parte de la gramática es lo único que no puede olvidar el hombre, que olvida todas las cosas. Cuando D. Cláudio escribió la primera carta del secuestro, tenia mas recientes las lecciones del colegio, y sin duda por esa razon podrá parecer mas correcta la forma de la letra y no tan frecuente el vicio de separar las sílabas de una misma palabra. Por lo demás, creo que allá se van unos escritos con otros; porque en todos hay mas de dialecto catalan que de castellano; y digo esto, por lo que toca á la ortografía, que en cuanto á la redaccion, sabido es que en la primera carta escribió lo que le dictaron, y en la segunda no ha puesto mas que su firma.

Ultimamente, Excmo. Sr., aquí se han explotado de una manera irritante las rarezas y anomalías de carácter que distinguen á mi defendido. ¿Cómo es que en una cuestion de identidad no se ha querido ver mas de cerca al procesado y estudiar su capacidad, sus inclinaciones y hasta sus extravagancias? El exámen incompleto de un individuo conduce á grandísimos errores; porque tal vez lo increible en la generalidad de los hombres, puede ser un rasgo característico de su personalidad. Yo no quisiera sonrojar á mi defendido; pero me encuentro en el caso del médico que se propone hacer la curacion, por mas que mortifique al paciente; y digo, por lo tanto, que todo lo que hay de raro en la conducta de D. Cláudio Fontanellas, lejos de ser motivo de desconfianza, es precisamente lo que mas le caracteriza, lo que mas determina la identidad de su persona.

Mi defendido representa cuatro ó cinco años menos de los que tiene en realidad, y estoy por decir que llegará á sesenta años y próximamente parecerá tan jóven como ahora. El que ve de antemano todas las necesidades del hombre y atiende á prevenirlas, dotó á D. Cláudio Fontanellas del carácter mas adecuado para la vida borrascosa que le aguardaba. Este es favor que nunca agradecerá bastante á la Divina Providencia. Hace algunas horas que me estoy ocupando de sus infortunios, y es bien seguro que la persona menos conmovida de cuantas me escuchan, es él. Corazon de niño, alma de buen temple y una indiferencia absoluta para las cosas de la vida, tales son los rasgos principales de D. Cláudio Fontanellas.

En el año de 1845 se persuadió de que su mismo padre le perseguia; y como no gusta de términos medios, dejó su patria, repudiando hasta el apellido de su padre. Conscrito en Buenos Aires, y entregado á los azares de la guerra, se encontró en su elemento; apenas obtuvo una decente graduacion, se dió por satisfecho, y así estuvo hasta 1861. Un piloto catalan le aconseja entonces que vuelva al seno de su familia: allí, le dice, te espera una posicion brillante; D. Cláudio le contesta con un «vamos allá,» y sin mas preparativos que sacar pasaporte, entra á bordo del bergantin *Puerto-Rico*. Y ahora preguntan los incrédulos, ¿quién hace esto? ¿Quién? D. Cláudio Fontanellas.

Sabiendo los motivos que tenia para volver con mucha cautela á Barcelona, ¿por qué no trae cuanto fuera necesario para que nadie pudiera poner en duda su personalidad, y no adopta las precauciones convenientes para librarse de una nueva asechanza como la del secuestro? ¿Por qué? Porque es D. Cláudio Fontanellas.

Así es que, conocido D. Cláudio, uno de los cargos que resultan contra él, la edad consignada en su pasaporte, tiene una explicacion muy natural. Antonio Roig, el piloto, le hace ver en perspectiva su patria y las riquezas de su familia; van entonces á sacar pasaporte, y al fijar la edad, el piloto le dice estas ó semejantes palabras. V. parece muy jóven; Barcelona tiene muchos encantos, y no hay para qué decir cuantos años ha cumplido V. Y — ¿Qué edad ponemos? ¿Cuál no ponemos?—Treinta y dos años, como hubiera puesto veinticinco, sí fuera necesario. Esto ciertamente no lo hace mas que D. Cláudio Fontanellas.

Admitido el dato incontestable de que D. Cláudio desapareció á ciencia y paciencia de su familia, y que un grave secreto fué el orígen de este suceso, D. Cláudio debia comprender que llegaba á Barcelona con peligro de entrar en una lucha terrible con sus hermanos; y es tan poco lo que se prepara para ella, que no solo llega y mete su cabeza en las fáuces del lobo, sino que, seguro como está de que es D. Cláudio Fontanellas, ni siquiera se detiene un instante á ordenar y precisar bien sus recuerdos. Entonces se le pregunta, en qué fecha desapareció de Barcelona; y sobre qué la falta de memoria debe de ser achaque de familia, toda vez que D. Lamberto en 1853 se equivocó en cuatro años al fijar la época del secuestro, acaso cuando se le hizo esta pregunta, fué la primera vez que D. Cláudio se detuvo á precisar la fecha. Por eso contesta que desapareció en Setiembre de 1845 ó 1846. A su modo de ver las cosas, un año mas ó menos no importaba nada para el caso; y entonces, que era el 17 de Mayo, no se le tómaba declaracion como á presunto reo de ningun delito, sino como á hermano legítimo de D. Lamberto (1).

Lo que no tiene relacion con este desórden de ideas, es haber atribuido el secuestro á individuos de la ronda Tarrés. Dos testigos del plenario dicen que esta ronda existia con anterioridad al secuestro; mas, sin salir del sumario, ya á fines de 1852, entre José García Rubio y demás presos que hablaban del secuestro, se atribuia este suceso á Tarrés. ¿Basta que un Jefe de administracion diga que, segun los antecedentes que obran en su dependencia, no existió la ronda Tarrés hasta 1848? El mismo Tarrés ¿no pudo ser jefe de otra ronda en 1845, por mas que no existan antecedentes oficiales que lo determinen? Lo cierto es que antes que el procesado llegara á Barcelona, en estos mismos autos se atribuia el secuestro á Tarrés; lo que prueba que la ronda existia entonces, como recuerda todavía mucha gente de Barcelona.

Otro punto, Excmo. Sr., ha quedado por esclarecer, y es el paradero de aquel Tomás de la Barceloneta que acogió á D. Cláudio y le facilitó el embarque para Buenos Aires. Renuncio á hacer un detenido exámen de las diligencias que se practicaron, lográndose oscurecer mas bien que descubrir la verdad. Me basta solo decir, que aquella prueba fué limitada, y que se renunció á saber mas, tal vez cuando se estaba en el camino cierto.

(1) Es preciso tener en cuenta que la declaracion principal de D. Cláudio fué dada el dia 17 de Mayo, seis dias antes de proceder contra él, y «cuando, segun deciamos en la *Exposicion de hechos*; no se imaginaba que aquellas actuaciones eran materiales acopiados para una causa criminal, entre las lágrimas y sollozos del reconocimiento.» Por eso, aunque dijo entonces la verdad, la dijo de cualquier modo; y como el Juez se abstuvo de pedirle explicaciones, que al procesado le hubieran sido muy fáciles, de ahí el caos aparente de dicha declaracion, y el espedito recurso de suponerla falsa, como si fuera falso todo lo que es difícil comprender.

Para que mi defendido designara la casa de Tomás, se le hizo salir de la cárcel gravemente enfermo y atado codo con codo. Que estaba gravemente enfermo, lo dice la fecha misma del dia en que se practicó esta diligencia; pues D. Cláudio salió de la enfermería para ir á la Barceloneta, y volvió de nuevo á la enfermería. Lo demás pertenece al lujo de rigor y de fuerza que constantemente se ha empleado contra mi defendido. En esta disposicion designó D. Cláudio la casa de Tomás, sin permitírsele reconocerla. Despues se hicieron averiguaciones acerca de los inquilinos que ocuparon la casa, número 93, y, como era de esperar, las tales averiguaciones no dieron resultado alguno.

Terminado el sumario con esta série de informalidades; con este sistema de pedir á los mismos enemigos de D. Cláudio testigos que declararan contra él, y de administrar justicia á media noche, en la única casa donde D. Cláudio podia temer una asechanza; con este aparato de fuerza para un hombre solo, y estos careos mudos, y tanta credulidad por una parte, y tanto escepticismo por la otra; con este sistema, en fin, de acumular diligencias sobre diligencias, para retirar la mano, como del fuego, cuando ya se siente latir la verdad : así acabó el sumario y con él los cargos que resultan contra mi defendido. Entonces se alzó la incomunicacion; entonces se dijo á D. Cláudio Fontanellás : todo lo que hagas para tu salvacion es tarde; el plenario es público; la confabulacion es posible, y no merece crédito alguno tu defensa.

Esta es, Excmo. Sr., una idea que se ha divulgado con ocasion de la causa Fontanellas; y hasta personas que no entienden una palabra de derecho, dicen con grande aplomo que los testigos del plenario no deben ser creidos, porque pudieron confabularse con el preso; siendo lo mas extraño que esto se diga tambien por curiales. ¡Con que el plenario no vale nada! ¡No significa nada! Sorprendido un hombre, encerrado en un calabozo y abrumado de testimonios falsos, tan pronto como se le pone en comunicacion con las gentes ¡ya no tiene salvacion posible! ¡ya no merecen crédito sus pruebas, aunque declaren á favor de él testigos á millares! ¡Oh, cuánta ignorancia, Excmo. Sr., por no decir cuánta y cuán horrible mala fé ! ¡Que los testigos del plenario no merecen crédito; porque pudieron confabularse ! Sí, que D. Cláudio no tiene enemigos; y esos enemigos no pudieron confabularse, no se han confabulado en efecto, para preparar el sumario. ¿Qué fué la noche del 23 de Mayo de 1861 en casa de D. Lamberto? Noche terrible de intrigas tenebrosas y de manifiesta confabulacion. ¿Quién reunió en aquella casa al Juez, al Escribano, á Rodés, Coll y Romeu, á Ramon y Celestino Feliu, al Marqués y la Marquesa de Villamediana?..... ¡Con que, es decir, que el plenario no merece crédito, porque en él la confabulacion era posible, y merece crédito el sumario en que ha habido una confabulacion evidente!

Yo bien sé, Excmo. Sr., que en la generalidad de los casos el sumario tiene en su favor algunas garantías; pero esto sucede cuando se trata de un verdadero sumario; no de un atajo de diligencias instruidas sin formalidad alguna, con datos suministrados por los mismos enemigos del procesado. Mas, dispuesto á responder á todo, yo pregunto: ¿dónde ofrece el plenario el menor indicio de confabulacion? ¿así se pasa por encima de tantos y tan numerosos testigos? Desprécense en buen hora; pero al menos, dígnese el Ministerio Público decir por qué los desprecia. Mas ya que se repara en la simple posibilidad de la confabulacion, ¿aceptais una prueba que pudo ser amasada con oro, y rechazais una prueba que solamente ha podido ser amasada con lágrimas?

Excmo. Sr. Animado de la conviccion mas íntima, dí principio á mi discurso, alegando en justa defensa de D. Cláudio Fontanellas, sin la precaucion de determinar las partes en que me proponia distribuir este informe. He concluido el análisis del sumario, demostrando la nulidad esencial de todas las diligencias que le constituyen, y haciendo ver el resultado probatorio que arrojan en favor de mi cliente, para el caso en que se persista en considerar legítimas esas diligencias. Mañana haré el análisis del plenario, y en último término impugnaré la sentencia de primera instancia y la última acusacion fiscal.

CONTINUACIÓN.

(Día 13 de Diciembre.)

Excmo. Sr.:

He concluido ayer el análisis del sumario, examinando los cargos que resultan contra mi defendido y los datos del mismo sumario que justifican su inocencia. Al tratar de las declaraciones de los testigos, expuse las modificaciones que algunos introdujeron al ratificarse. Voy á ocuparme, si bien muy de pasada, de las enmiendas que cada cual ha hecho en su primera declaracion, y que demuestran la mala fé que ha inspirado á los testigos de cargo.

Descuella entre las ratificaciones la de Antonio Coll. En el sumario habia dicho: que tuvo de aprendiz á D. Cláudio «dos años despues de haber desaparecido el cólera de 1854;» y cuando se hace público el sumario y en una notabilísima defensa de mi cliente se nota que era imposible que D. Cláudio hubiera estado en casa de Coll en aquella fecha, toda vez que el director y operarios de la fábrica Domenech declararon que en la misma época estaba en la fundicion. Antonio Coll rectifica y dice: que no fué dos años despues, sino dos años antes del cólera, cuando D. Cláudio estuvo en su casa de aprendiz.

Dejo á la consideracion del Tribunal si esto es ratificarse ó retractarse, y si debe ó no tenerse en cuenta aquella ley de Partida que prohibe á los testigos desdecirse de lo que una vez han declarado. Mas cuando se considera que la enmienda fué hecha despues que Antonio Coll apareció desmentido hasta por los libros de la fundicion Domenech, hay que deplorar sobre todo el desenfado con que aquí se falta á la verdad. No se trataba menos que de cuatro años de diferencia; y me parece que personas tan enteradas en todos los pormenores de la vida de Cláudio Feliu, tenian motivo para ser mas exactas en las fechas. Pero las circunstancias con que Antonio Coll hubo de recoger su primera falsedad, le hacen doblemente culpable.

He dicho ya que en este sumario se prescindió de la prueba mas decisiva y se atendió exclusivamente á la mas falible; puesto que se antepuso á toda prueba la testifical, quedando postergada la de cualidades personalísimas, la de posesion y la de documentos irrecusables. Por eso el Juez, ni se tomó la molestia de consignar en el sumario las señas particulares de Cláudio Feliu, ni mandó recoger letra suya para cotejarla con la indubitada de D. Cláudio; y cuando un digno antecesor mio en esta causa se lamentó de que Antonio Coll no hubiese traido á los autos ningun asiento ó receta extendida por Cláudio Feliu, entonces fué cuando Coll presentó una carta de su aprendiz. ¡Y qué carta, Excmo. Sr.! Prescindo de lo disparatado del contexto; pero aun así, difícil es tomar por lo série que á tales recursos se apele para perder á un hombre. Una carta dirigida á una señora... ¡Qué señora seria esta! Una carta á una señora en 1852, cuando Cláudio Feliu tenia apenas quince años; carta cuyo objeto no debo calificar ante V. E. y que estuvo nueve años archivada entre los documentos del confitero Coll. Mas la acogida que han tenido la retractacion del confitero y esta carta, vienen á patentizar aquella desgracia horrible que pesa sobre mi defendido; aquella diferencia de lógica, de que yo me lamentaba ayer: tanta formalidad para convertir en sustancia lo ridículo, y tanto desden y sarcasmo para burlarse de lo que no puede ser mas triste.

La retractacion de Antonio Coll era un motivo bastante para que se le tuviera por perjuro. Sin embargo, no solamente se cita como verdad probada la retractacion, omitiendo lo primero que habia dicho el confitero, para que así no resalte la contrariedad, sino que esa carta traida á los autos despues del sumario y cuando era ya posible falsificar, no una, sino ciento de letra igual á la de D. Cláudio Fontanellas, pasa por documento importante, y llega á ser hasta una de las bases cardinales de la sentencia. Reconocida por los calígrafos Miracle y Grondona, dijeron estos que la letra es exactamente igual á la del procesado, y que fué escrita por él mismo. Permítaseme decir que estos señores desconocen su obligacion. Una ley de Partida ha demostrado que esta prueba no es concluyente; los calígrafos pueden decir tal y tal letra se parecen; pero nunca, tal letra y tal otra fueron obra de una misma mano. Mas, hecho público el sumario y teniendo á la vista las cartas que hay en él escritas por D. Cláudio Fontanellas, lo extraño no es que haya alguna analogía entre esas cartas y la que presenta el confitero, sino que la falsificacion se haya hecho con tantísima torpeza, que entre una y otra letra no se vea desde luego la mas completa igualdad.

Pasemos á otro punto. Ciertamente, Excmo. Sr., que el Letrado se estremece de espanto al entrar en el período de las ratificaciones. No bien llaman á ratificarse, y la familia Feliu se ve amenazadá de comparecer ante el procesado, enferma toda ella de gravedad. ¿Seria de dolor, á la idea de ver á su hijo y á su hermano en tan grave compromiso? ¿Qué fué, si no, lo que les hizo mal á los padres y hermanos de Feliu? Pero ante todo, ¿por qué lo creyó el Juzgado?

La familia Feliu no puede presentarse á la ratificacion, porque no estaba en Barcelona; se hallaba en S. Gervasio; por primera vez en su vida, se la ocurre salir á veranear. El Juez decreta la citacion; el alguacil vuelve refiriendo la súbita enfermedad de la familia Feliu, y se da crédito á esta excusa, solo por lo que dice el alguacil. Entonces pide el procesado que se averigüe si la enfermedad es cierta, y caso de no serlo, que se haga venir á los consortes Feliu á ratificarse á su presencia, y el Juez no accede á ello. Pide que acompañado de toda la escolta necesaria, se le traslade al Juzgado de las Afueras, para que en su presencia tenga lugar la ratificacion, y el Juez tampoco accede. Pide que se permita á su Abogado asistir á la ratificacion y hacer personalmente repreguntas á los consortes Feliu, y el Juez no lo consiente. La ratificacion se hace por exhorto, en el que se remiten las repreguntas escritas.

No quiero pecar de ligero, suponiendo mala fé en quien está encargado de administrar justicia; pero sí deploro que se haya procedido con tan insigne torpeza. Los errores en que ha incurrido el Juez, no habrán sido mas que una desgracia; pero la desgracia es tan grande para él, que su conducta no puede menos de parecer extremadamente sospechosa; porque no hay pretexto, no hay razon alguna que baste á cohonestar la forma en que se han hecho tales ratificaciones; porque un careo se ratifica con otro careo, y cuando quien lo solicita, es el procesado, y quien se resiste, es el testigo, no hay que preguntar de parte de quién está la mala fé.

Joaquina Fontanills estaba sumamente afectada cuando el reconocimiento por la rejilla; pero habia pasado ya mucho tiempo, y era de suponer que tendria valor para arrostrar la presencia de su nuevo hijo:

mas el Juez se opone. ¿Por qué? ¡Ah! ¡Sin duda es mas doloroso que una mujer se esponga á alguna sensacion desagradable, que ver á un inocente camino del presidio, por no haber tomado en el proceso todas las precauciones necesarias! ¡Que era su madre, y que podia afectarse! Cuando la ley trata de descubrir un crímen, no se pára en achaques de sensibilidad. La ley en este punto es inexorable; porque la crueldad suprema es condenar á un inocente. El Juez ha debido cerrar los ojos, é insensible como la ley, decretar un verdadero careo; pero ya que las ratificaciones no se hicieran en presencia del procesado ¿por qué no permitir á su Abogado defensor que hiciera repreguntas á la familia Feliu? El Tribunal sabe muy bien la diferencia que va de contestar á repreguntas hechas por el procesado ó por su patrono, á idear con calma y serenidad una contestacion cualquiera, cuando se hacen repreguntas escritas.

Como yo me he propuesto no aventurar en toda la defensa una sola calificacion, me limito á alegar los hechos, para que V. E. los califique. La ratificacion era obligatoria; no se ha probado la enfermedad que ha servido de excusa para no hacerla personalmente, y tal pretexto debia ser un motivo para sospechar de la buena fé de la familia Feliu. Pero ¿qué mas prueba, Excmo. Sr., que esa misma ratificacion, tal como se hizo? ¿Qué ha dicho la familia Feliu? Ya he tenido el honor de exponerlo á la consideracion de V. E.: que fué á ver á su hijo para cerciorarse de si era él ó no; y esto no es exacto; está desmentido por los mismos que lo declaran: dijeron que era él antes de verle. Mas, Joaquin Feliu volvió á su casa sin haberle visto. Llamados á ratificarse, entonces fué cuando contestando á las repreguntas escritas, se vieron obligados á determinar las señas particulares de Cláudio; entónces dijeron por primera vez que se habia estropeado un dedo en la fábrica de fundicion, y que á la edad de diez y ocho meses se habia quemado los asientos (4).

(4) No me cansaré de repetirlo: para hacer cargos al procesado, se discurre de un modo; y para analizar sus descargos, de otro muy distinto. Cuando los supuestos padres dieron las señas particulares de Cláudio Feliu, era ya público el proceso; multitud de curiosos, de buena ó de mala fé, habian visto y reconocido al procesado de piés á cabeza; y en todas partes se hablaba del lunar y la quemadura. ¿Qué valor tienen estas señas dadas por los supuestos padres, cuando podia darlas igualmente cualquier mozo de café, que en su vida hubiera visto á Cláudio Feliu? Pero ya se sabe que la publicidad

Si sabíais que tenia estas señales, ¿por qué no las determinasteis en el sumario? Si aquí solo se admite lo que pertenece al sumario, ¿por qué se admite el antecedente de esas señas, dadas ya cuando el proceso era público y públicas tambien las señas ocultas del procesado? ¡Ah, Señor! Cuando parezca Cláudio Feliu, que sí parecerá, será curioso ver qué señas tiene. Desde ahora, yo daria á cortar mi mano, á que ese hombre no tiene estropeado el dedo del corazon, ni la cicatriz de esa quemadura inveterada. El destrozo del dedo no fué, al parecer, un incidente insigfieante, puesto que los primeros testigos del sumario estaban enterados de él; y al mismo tiempo, la familia Feliu no sabe determinar, cuando llega á ratificarse, de qué mano era ese dedo. La madre recuerda el hecho; pero no acierta á expresar ninguna circunstancia. ¿En qué consiste esto? Si realmente Cláudio quedó por muchos dias inutilizado para el trabajo, ¿hubiera tal desgracia llamado la atencion de sus compañeros y de sus amigos, y no la de sus padres? ¿Cómo es que Carbonell y Palau, que trabajaban con él, no saben una palabra del destrozo del dedo? Es que inmediatamente que D. Cláudio Fontanellas enseñó una gran cicatriz en la mano, se explicó esta particularidad por medio del supuesto magullamiento; y los padres, perplejos, no tuvieron valor para decir si el dedo era de la mano derecha ó de la izquierda, porque no lo sabian de positivo.

Otra ratificacion ha venido á revelar la falsedad del sumario. El maestro D. José Figueras no conoció al procesado por su discípulo. Si el Juez hubiera sabido cumplir con su deber, tendria presente que, para negar á un hombre, se necesita algo mas que mirarle la cara. Obligado Figueras á conferenciar con el procesado, y al ver que este le cita por sus nombres á sus compañeros de colegio, Figueras conviene en todo con él. Los jueves, le dice el procesado, saliamos á pasear con un ayudante del colegio, y en una ocasion los facciosos se apoderaron de algunos niños, y yo me negué á salir. A estas noticias no sabe que reponer el maestro; mas para rectificar algo, dijo que no recordaba si D. Cláudio dejó de salir por su voluntad ó por estar casti-

solo se alega contra el procesado; y que, mientras pudieron mentir tantas personas como se han comprometido por D. Cláudio Fontanellas, solo ha dado *natural ejemplo de honradez*, como decia el Promotor, esa dichosa madre que para vergüenza de la sociedad y escarnio de la justicia, estuvo haciendo en paseos y teatros pública ostentacion de su incomparable ternura. Al ver algo de esto en Barcelona, conocí con cuanta razon se me habia dicho, hablándome del procesado: ¡AUNQUE ES, NO SERA!

gado. La diferencia nada importa; y la misma rectificacion demuestra la verdad del hecho.

Pues si D. Cláudio conocia á sus condiscípulos, si recordaba las costumbres del colégio y hasta un incidente personalísimo, que tiene grande importancia por su misma frivolidad, ¿por qué no le reconoce su maestro? Se me dirá: cuando esto sucedió, D. Cláudio Fontanellas estaba en completa comunicacion y pudo haberse enterado de tales incidentes. Mas, prescindiendo de que la noticia de no haber querido salir á paseo, es una de esas frivolidades que nunca se trasmiten, ¿quién le dijo á D. Cláudio que aquel que se le presentaba, era su maestro, ni cómo pudo darle todos esos detalles sin empezar por conocerle?

No se adquiere, no, esta clase de noticias, que ningun farsante tiene medio de procurarse; el Juez ha desconocido la conducta que observan los farsantes y la que observan los que proceden de buena fé. Los farsantes recuerdan siempre los hechos capitales de la vida, las fechas de graves sucesos, los nombres todos de las personas allegadas; mas lo que no recuerdan, lo que no saben nunca, son los detalles, las fruslerías de la niñez que están identificadas con la misma persona á quien han sucedido. Así vemos que, al mismo tiempo que D. Cláudio Fontanellas aparece ignorando su edad, y la época fija del secuestro, y todo lo que no suele ignorar un farsante, en lo demás, no se ha equivocado nunca; y si no, ¿dónde están los testigos que han alegado sus equivocaciones? Por esto, Excmo. Sr., cuando se le pregunta si recuerda algun antecedente de la niñez, en corroboracion de que es el mismo que se titula, cita hechos tan frívolos que solo D. Cláudio Fontanellas puede recordar. Menciona aquel incidente del coche y el de las persianas que se colocaban en su cuarto; y habiéndose preguntado á un criado, llamado Joaquin, confiesa que lo primero es cierto; pero que no puede precisar si fué el mismo dia de la desaparicion; y respecto á la colocacion de las persianas, ahí está la declaracion de Miguel. Los motivos que haya tenido Miguel para contradecirse, no los sé; pero el hecho de haber colocado persianas en el cuarto de D. Cláudio, está, contra su voluntad, reconocido.

Tal es el resultado del sumario. Me he propuesto analizarlo bajo el punto de vista legal y bajo el punto de vista histórico, para demostrar á la vez la nulidad de que adolecen las actuaciones, y el resultado probatorio que arroja el proceso. De este modo, he procurado no emprender dos análisis distintos, uno para la parte legal y otro para los hechos. Ocasion es esta de hacer alto, para deducir las consecuencias que se desprenden del sumario, considerado en su totalidad.

No insistiré mas alegando vicios de nulidad que anteriormente han sido objeto de repetidos debates. El Tribunal, teniendo en consideracion las razones alegadas por la defensa, no ha estimado suficientes esos vicios para declarar nulo el proceso, y yo respeto, cuanto respetarse deben, los fallos de V. E., sin que haya en esto afectacion, ni menos hipocresía. Ignoro los motivos que pudo tener el Tribunal para desestimar los recursos de nulidad oportunamente interpuestos; pero V. E. habrá de permitirme que apoyándome en aquella ley de Partida que autoriza para revocar en definitiva las sentencias interlocutorias, vuelva, aunque ligeramente, sobre vicios de nulidad que han sido ya muy debatidos; porque, si como dice la ley, se pueden *toller* las sentencias interlocutorias en sentencia definitiva, creo que aun puede el Tribunal revocar los reales autos en que se desestimaron dichos recursos, y que esto no arguye el menor ánimo de faltar al respeto debido á la cosa juzgada (1).

Así, pues, omitiendo razones anteriormente alegadas, no puedo menos de protestar contra un sofisma que se ha empleado constantemente en este negocio; sofisma que consiste en dar por probado lo mismo que se discute, y al que se debe la ilegalidad de haber interrumpido una posesion tan legítima como la de mi defendido, por los medios violentos de una causa criminal.

Ha dicho el Ministerio Público, que el procesado no estuvo nunca en posesion del estado civil de D. Cláudio Fontanellas; porque, si le ocupó, fué por medios ilícitos, y que en este caso, la posesion no merece tal nombre, ni es digna de respeto. Repito que hay en esto un sofisma que consiste en dar por probado precisamente lo que se está debatiendo. ¡Con que D. Cláudio Fontanellas adquirió su estado civil por medios ilícitos! ¿Pues qué hacemos aquí, sino discutir ese tema? Luego, nunca ha podido presuponerse lo mismo que se iba á ventilar en juicio.

La ley manda respetar la posesion, *beatus qui possidet*; y este principio está consignado de una manera tan absoluta en la Ley de Enjuiciamiento civil, que para dar curso al interdicto de recobrar, solo exige la posesion interrumpida por el despojo. Así, pues, ó la posesion es tal, ó una simple tenencia adquirida por medios reprobados; pero

---

(1) La ley que aquí se cita, es la 2.ª, tít. 22, Part. 3.ª

mientrás no conste la criminalidad de los medios, hasta la simple tel nencia debe ser mirada con respeto; porque la buena fé se supone en tanto que no se pruebe la mala.

Si son legítimos ó no los títulos de posesion, eso queda para el juicio ordinario; pero empezar por establecer que la posesion es criminal, es dar por fallado el juicio antes de empezarle; y D. Cláudio Fontanellas tenia de su parte la presuncion de buena fé; estaba en posesion de su estado civil, y mientras se posee de buena fé, no há lugar al juicio criminal. Hay que probar antes, que la posesion fué adquirida por medios reprobados; y como con anterioridad al auto que fué cabeza del proceso instruido contra D. Cláudio Fontanellas, ni siquiera se trató de probar que eran ilícitos los medios de que se ha valido para adquirir la posesion, el juicio criminal no tiene razon de ser.

Confieso, Excmo. Sr., que esta causa es para trastornar la cabeza mas privilegiada; porque aquí, no solo se ve á los testigos hacer hasta escarnio de la verdad, sino que aparecen conculcados los principios mas triviales de derecho. Sin razon y sin derecho puede una persona estar en pacifica posesion de una herencia; en el juicio civil se le demuestra que no tiene título para poseer; y sin la herencia se queda; mas la posesion es sagrada mientras al poseedor no se le venza en juicio contradictorio. Si por ventura la posesion se adquiere por malos medios, entonces procede perseguir al poseedor, no como poseedor; sino como culpable, por haberse valido de medios criminales.

Hay, pues, en esto grande confusion de ideas; se confunden los medios ilegítimos con los ilícitos, la falta de derecho con el crímen; ó insisto en que, mientras no se pruebe que la posesion fué adquirida por medios reprobados, el poseedor, aun sin derecho, tiene de su parte, la presuncion de buena fé; y entonces la posesion es sagrada. Esto supuesto, ¿de qué clase era la posesion de mi defendido? Perfectamente legítima. Su pasaporte..... El Ministerio Fiscal ha dicho: «¿desde cuándo se ha considerado un pasaporte como título legal para adquirir un nombre? ¿se encuentra en alguna ley, ó en algun tratadista, enumerado entre los justos títulos de adquirir que el Derecho escrito y la Jurisprudencia reconocen?» Y yo pregunto ahora, ¿en qué ley y en qué autor de Derecho ha visto el Sr. Fiscal la lista infinita de documentos, con que se puede justificar la posesion? Es un documento oficial, legítimo, que acredita el nombre de D. Cláudio Fontanellas, y eso basta para justificar la posesion, mientras no se demuestre su falsedad. Otro tanto repito de los diplomas traidos por D. Cláudio; mas ¿qué di-

remos del reconocimiento de su hermano? ¿Tambien es título reprobado la confesion judicial? Si D. Lamberto ha reconocido á su hermano ¿qué mas título tiene que alegar este para decir: yo soy D. Cláudio Fontanellas?

¡Anomalía que entristece profundamente el alma y que se presta á
terribles comentarios! D. Lamberto Fontanellas reconoce á su hermano; le reconoce con el entusiasmo propio de su cariño; no ve el momento de participar tan fausta noticia á toda la poblacion, á todas las
Autoridades de Barcelona; llega, sin embargo, un instante en que duda; duda nada mas; y cuando hay un hermano que duda por motivos
tan frívolos como los que ha visto el Tribunal, ¿por qué rara condes-
cendencia; por qué pasion incalificable, hay gente que se rie de quien
sospecha que el procesado sea realmente D. Cláudio Fontanellas? ¡Con
que hay un hermano que le ha reconocido, que todavía duda, y vosotros
os reís y hasta considerais como una farsa ridícula la pretension de don
Cláudio! Pero se dirá: al lado de un hermano que duda, hay una hermana que niega. No importa; desde el momento en que la naturaleza
duda, la maledicencia debiera sellar el labio; porque á pesar de todas
las apariencias, de todas las contradicciones, de todos los testigos,
mientras hay un hermano que duda, debe dudar toda Barcelona, debe
dudar toda España.

Esta es la índole del sumario bajo el punto de vista del derecho. En
cuanto al resultado probatorio, mucho siento entrar en otra clase de
consideraciones; pero me es preciso, si he de cumplir con mi deber
sagrado de defensor.

Ya tenemos á D. Cláudio Fontanellas en la cárcel, negado por sus
hermanos, por su cuñado, por los amigos que le recibieron entre sus
brazos, y al mismo tiempo, prohijado por una familia que él ni siquiera
conoce; porque no se le ha permitido reconocerla. En tal situacion, era
grave, gravísima la responsabilidad del procesado; y á esta altura de
los procedimientos, yo pregunto: ¿qué clase de juicio es este? ¿es
civil? ¿es criminal? ¿ó es misto de civil y de criminal? No cabe duda: por mas que este proceso tenga un carácter criminal que para
V. E., para el Ministerio Público, para la sociedad entera es de índole
preferente, entraña una cuestion civil, una cuestion de dinero para
los Marqueses de Casa-Fontanellas y de Villamediana. En este supuesto indudable, porque puede rebajarse la cantidad, pero el hecho
es que aquí se disputan grandes intereses, ¿no es cosa que desconsuela

ver lo que está pasando en este negocio? Cuando en todo juicio civil se exige una igualdad absoluta para ambos contendientes, aquí hay una irritante desigualdad que subleva todos los sentimientos de rectitud y de justicia. ¿Qué sucede si no? Que una de las partes ha quedado en libertad, en tanto que la otra fué sepultada en un calabozo; que mientras la una pudo acumular en el sumario todas las pruebas favorables á su propósito, la otra permaneció encerrada en el secreto horrible de la incomunicacion; que la primera dió hasta la lista de los testigos que debian examinarse, y pudo conjurar contra mi defendido á todos sus deudores, á todos sus comensales, á todos los embusteros asalariados que toman parte oficiosa en el asunto, y á todas las familias que de ella dependen, en tanto que la segunda ha tenido que sufrir en silencio y permanecer indefensa durante el sumario; y cuando se le alzó la incomunicacion y trató de defenderse, se le dijo: ya es tarde. Mientras una de las partes quedó en posesion de las grandes riquezas que se disputan, y litigó sin responsabilidad, sin necesitar siquiera Procurador ni Abogado, porque el Ministerio Fiscal y el Juez no la han dejado nada que desear, la otra se ha visto completamente desamparada y en la miseria, y ha tenido que defenderse sin familia, sin amigos y hasta sin patrono. Yo hago justicia á este ilustre Colegio; pero la verdad es que mi defendido se encontró sin Abogado; porque un cúmulo de circunstancias daban á este negocio un carácter que no tiene; y el mal concepto se generalizó, merced á las terribles acusaciones que el Ministerio Público lanzaba contra el mismo patrono de D. Cláudio.

Todo esto es un hecho sobre el que no es admisible el debate. Podrá suceder que la cuestion interese mas ó menos á la Casa-Fontanellas; pero el interés existe; y téngase entendido, que todo lo que sea reducir ese interés á una cantidad mezquina, es hacer enteramente inverosímil que por la esperanza de tan poco dinero, se represente una farsa como la que se atribuye al procesado.

Ahora bien; iba á demostrar qué clase de personas han intervenido en el sumario y cuáles merecen crédito. Cuando los Marqueses de Casa-Fontanellas y de Villamediana se encontraron con la novedad de un hombre que pretendia ser hermano natural del uno y político del otro, si hubieran seguido las inspiraciones naturales de la buena fé, le hubieran dicho: tenga V. la bondad de desocupar esta casa; y dejándole en la calle y á sus anchas, hubieran demostrado que no trataban de ahogar en su garganta la voz, ni de oponerse á que ejercitara las acciones de que se creyera asistido. Esto lo hubiera hecho todo el mundo; porque era lo menos comprometido, lo menos ocasionado á malignas interpretaciones, y una prueba evidente de que no se temia ver en libertad á D. Cláudio. ¿Por qué, pues, los Marqueses de Fontanellas y de Villamediana promovieron la formacion del sumario? ¿Por qué se confabularon? ¿Por qué se citaron para una noche y hora determinada, con el correspondiente número de testigos? ¿Era este hombre una fiera? ¿Estaba amenazado el órden público? ¿Cómo es que á un farsante no se le desprecia y se le pone en la calle, para que alegue sus derechos donde lo tenga por conveniente?

¡Ah! Cuando siendo tan grandes señores los Marqueses de Casa-Fontanellas y de Villamediana, y debiendo saber como caballeros que esto era lo que cumplia á su buen nombre, no lo han hecho, razones muy poderosas habrán tenido. Y puesto que para defender sus intereses, han recurrido al medio aterrador de la justicia criminal, y trajeron en su apoyo alguaciles, mozos de escuadra y carceleros, de todo esto y mucho mas necesitaban, para evitar la derrota en el juicio civil que les amenazaba.

Los Marqueses de Casa-Fontanellas y de Villamediana son, pues, sospechosos en este juicio, porque son interesados; se han hecho sospechosos, por no haber procedido segun correspondia á la dignidad de su nombre y de su clase; y siendo sospechosos los Marqueses de Casa-Fontanellas y de Villamediana, es sospechoso todo el sumario.

Hablo en estos términos, Excmo. Sr., porque me dirijo á un Tribunal ilustrado que no se deja alucinar por frívolas apariencias. Que los Marqueses hayan quedado entre bastidores, no es razon para hacer creer á nadie que el sumario se ha instruido puramente de oficio. El Juez se ha guardado muy bien de decir quién ha llamado á los testigos; porque la verdad es que fueron presentados por el Marqués de Casa-Fontanellas; y desde el momento en que esta familia ha observado una conducta sospechosa, las pruebas suministradas por ella misma, llevan un carácter muy poco fidedigno.

Pero se dice: los Marqueses no han querido ensañarse con el procesado, ni demostrar que deseaban su perdicion; por eso se han abstenido de mostrarse parte y permanecieron dignamente retraidos. En cuestiones que tanto afectan á la dignidad de las personas, no hay término medio; ó retraimiento absoluto, ó una acusacion palmaria. ¿Por qué los Marqueses, despues de suministrar la parte mas importante del sumario, se han retirado? ¿Por qué no han dado la cara? ¿Era esto por ventura un desdoro para ellos? Seguramente que no;

pues no solo es facultad, sino obligacion estrechísima de toda familia, echar de sí al farsante que pretende intrusarse en ella. La acusacion en este caso es justa, es lícita, es obligatoria. Al lanzar de su casa á un farsante, los Marqueses defenderian su honra; defenderian la memoria de aquel hermano que suponian muerto, y que tal vez un criminal pretendia manchar con el escándalo de su mala conducta. Pero ya que los Marqueses no han tenido por conveniente presentarse como acusadores ¿por qué motivan ellos la formacion del sumario y huyen luego la responsabilidad?

De lo dicho se infiere, que no pueden merecer absolutamente ningun crédito los Marqueses de Casa-Fontanellas y de Villamediana, y que son notoriamente sospechosos de falsedad Romeu, Coll, Grau, Ramon y Celestino Feliu, traidos al sumario por D. Lamberto; y los demás testigos que pertenecen á su misma servidumbre.

Se ha discutido ámpliamente si esta causa pudo ó no seguirse de oficio, y por mi parte no volveré á renovar esta cuestion; pero entiendo que por mas que la usurpacion de estado civil no sea de los delitos exceptuados, el Código penal ha dicho bien claro que este delito no puede perseguirse de oficio, sino despues que en un juicio contradictorio aparezca notoria su existencia. La usurpacion de estado civil es la usurpacion de un nombre, y con él, de todos los derechos, títulos y consideraciones de una persona; pues bien, la usurpacion de nombre considerada como delito público y en cuanto por ella se apropia el usurpador las atribuciones de un empleado ó el título é investidura de profesor en alguna facultad, constituye un delito aparte, expresamente castigado en el Código. Luego la usurpacion de estado civil se refiere únicamente á los derechos individuales; y como estos solo pueden ser reclamados por el individuo á que pertenecen ó por sus sucesores, se sigue necesariamente, que mientras no haya reclamacion de parte, al menos en un juicio civil, no cabe suponer el delito de usurpacion de estado, y por lo tanto, no puede perseguirse.

Mas demos por sentado que este delito pudo perseguirse de oficio. El Juez ha debido conocer que perseguir de oficio un delito, no es constituirse en enemigo mortal del procesado; y hé aquí un vicio de que tambien debiera librarse el Ministerio Fiscal, á quien la ley, no da solo el cargo de acusador; el Ministerio Fiscal acusa ó defiende, como un padre, segun el resultado de las actuaciones. El Ministerio Fiscal ha debido considerar que, como padre, tenia la obligacion sagrada de defender al procesado, si era en realidad inocente; y ya que, preocupado D. Cláudio con la alegría de los primeros momentos, no pudo salir del círculo de las personas que despues le negaron; ya que se le procesaba de oficio, de oficio tambien han debido suministrársele medios legítimos de defensa. Sugetos á quienes D. Cláudio no conocia, vinieron á declarar contra él. ¿Por qué el Juez no se tomó la molestia de averiguar quiénes eran esos testigos? ¡Que no se han tachado, se dice! Mi defendido es un militar extranjero, por mas que haya nacido en Barcelona; y antes de atropellarle, el Juez tenia obligacion de saber, por ejemplo, que uno de los testigos que figuran en el sumario como personas decentes, habia estado preso en la cárcel pública de esta ciudad, por delito de estafa; y yo no digo nada de esto, sin traer en el bolsillo los documentos que lo acreditan.

Hubo unos padres que dijeron que el procesado era hijo suyo; y por toda averiguacion se pregunta á la Autoridad local, qué concepto disfrutan los consortes Feliu. ¿Bastaba eso por ventura? ¿Bastan simples informes de la Autoridad para dar crédito á testigos de tan sospechoso carácter? ¿Quién era Joaquin Feliu? Respeto su memoria, ya que ha muerto, como ha muerto su hermano Ramon, y los dos, por cierto, á una edad no muy avanzada; pero necesito defender á D. Cláudio Fontanellas, y no ha de pagar un inocente, por respeto á la memoria de los muertos. Para ello, no saldré de los autos, y cuando saliere, me apoyaré en documentos irrecusables. Los cinco primeros testigos del sumario dicen que Joaquin Feliu era sastre; mas de la partida bautismal de Cláudio resulta, que este era hijo de Joaquin Feliu, *argenter*, que quiere decir platero. ¡Háse visto jamás la transformacion de un platero en sastre! ¿Qué quiere decir esto? Que Joaquin Feliu no tenia oficio ni beneficio. Primero fué revendedor de álhajas; y habiendo quebrado á costa de algunos plateros, quedó sin ocupacion. Los primeros testigos dicen que tenia tienda de sastre en el número 12 de la calle Ancha. Ramon Feliu se apropia el mismo establecimiento; y resulta que la tienda no es, ni del uno ni del otro, y que Joaquin Feliu no era nada.

Aun se repetirá que estos testigos no fueron tachados; mas si no los conocia el procesado ¿para qué es el Ministerio Público? ¿Para qué son los Jueces? ¿Por ventura Jueces y Fiscales no deben estar á la mira, á fin de reparar los olvidos involuntarios del procesado, y suplir con oportunas averiguaciones su falta de noticias, y hasta defenderle y ponerle en libertad, si es victima de una trama fraguada por personas á quienes él no conoce?

Por fin, Excmo. Sr., D. Cláudio Fontanellas, torturando su memoria, evocando recuerdos de diez y seis años de fecha, se ha visto en la necesidad de defenderse enteramente solo; y si la prueba hecha por su parte no parece suficiente, D. Cláudio tendrá siempre el derecho de decir: hice toda la prueba que se me ha permitido.

No es del caso considerar ahora las razones que el Tribunal habrá tenido para desestimar los medios de prueba ofrecidos por el procesado. Tal vez la Sala los habrá creido supérfluos; porque el principio de rechazar toda prueba que no aprovecha al procesado, no solo es aplicable á las pruebas impertinentes, sino á las que son redundantes ó innecesarias. Respeto, pues, las consideraciones que el Tribunal habrá tomado en cuenta para rechazar estas pruebas; pero D. Cláudio Fontanellas puede decir muy alto, que aquellas pruebas que se le han permitido, las ha hecho, y si no le han permitido otras, no será suya la culpa.

En primer lugar, Excmo. Sr., el procesado no es Cláudio Feliu. D. José Ballester, vecino de Cláudio Feliu; D. Félix Ciervo, vecino de la droguería donde estaba Cláudio; Teresa Masót, nodriza suya; Francisco Fernandez, marido de la Masót; Luis Grangé, compañero suyo en el teatro de la Barceloneta; Pedro Calis, su compañero de taller, y Miguel Figueras que le ha conocido en casa de Coll, niegan que el procesado sea Cláudio Feliu.

¿Qué motivo habrán tenido estas personas para faltar á la verdad? ¿Qué estímulo les habrá hecho arrostrar las consecuencias de un perjurio? Todos declaran á ciencia cierta, y deben estar bien seguros de lo que dicen. Pero además, mi defendido no puede ser Cláudio Feliu; porque este desapareció de Barcelona el 11 de Enero de 1857, y don José Patxot y D. Paulino Blanch, capitan el primero y piloto el segundo del bergantin *Romántico*, le conocieron y trataron en 1855 en Gualeguaychú de la Confederacion Argentina; D. Juan Oliver y Llimoná en la misma provincia de Gualeguaychú y en igual fecha; D. Pablo Mitjans en 1852 en Buenos Aires; D. Tomás Targarona en el mismo pueblo y en 1851, y Miguel Lladó, asistente que fué de D. Cláudio, en 1852 en Montevideo. De donde resulta, que mi defendido estaba ya en América desde 1851, siempre dedicado al servicio de las armas (1).

(1) El Sr. Fiscal ha dicho que este Miguel Lladó, á quien citó el procesado, no pudo ser habido, ni se sabe quién es. Fólio 604; despues de don

¡Que todos estos testigos, se dice, pudieron equivocarse! ¡Qué pudo haber error en la apreciacion de las señas! Pues que vengan pruebas de Buenos Aires, y acabaremos de una vez; que es triste cosa andar con testigos y reconocimientos, cuando en Buenos Aires está la prueba mas decisiva en litigios de identificacion. Pero todos los testigos que declararon haber conocido á D. Cláudio Fontanellas en América, fueron divididos en dos bandos, anterior el uno y posterior el otro al año de 1857. A los primeros se les ha declarado perjuros. ¿Por qué? Porque Cláudio Feliu no salió de Barcelona hasta el 11 de Enero de 1857. Los demás quedan libres de todo cargo; pues se supone que el Cláudio Feliu, sin antecedentes, sin carrera, sin capacidad, sin instruccion alguna, pudo salir de aquí hecho un canalla, llegar á Buenos Aires y sentar plaza de Alférez de artillería. Para dar esto como moneda corriente, se atribuye todo el milagro al desórden que reina en la América del Sur; pero esto es ignorar por completo cómo está organizada la República Argentina. Allí, solo hay dos cosas regularmente adelantadas: el comercio y el arte de la guerra.

Siete testigos, pues, declaran que el procesado no es Cláudio Feliu á quien conocen perfectamente, y otros cinco niegan hasta la posibilidad de que sea tal sugeto, toda vez que le conocieron de militar en Buenos Aires antes que Feliu saliera de Barcelona. Llegan ahora los testigos de identidad, y preciso es confesar, Excmo. Sr., que si esto no es prueba, ya podemos renunciar á toda esperanza de salvacion, cuando tengamos la desgracia de ser envueltos en una causa criminal.

Veintisiete testigos conocen al procesado y declaran que es don Cláudio Fontanellas. ¿Sabeis lo que son veintisiete testigos de diferentes clases, edades y condiciones, la mayor parte de ellos en una posicion independiente, y todos afrontando el no sé qué de terrible que hay en este negocio? Lo mejor que puede hacer con esta prueba el Ministerio Público, es cubrirla con un velo y renunciar á examinarla; porque á tantos y tales testigos que no dudan en ponerse de

Tomás Targarona y antes de José Antonio Vivern, allí está Miguel Lladó, que fué además de asistente de D. Cláudio, músico de regimiento en la República Argentina. Si hecha la cita por el procesado, el Juez no pudo dar con Miguel Lladó, seria porque no se cansó en buscarle. Sirva esto de ejemplo para todos los casos en que las diligencias de oficio no dieran resultado alguno. Que tal cosa y tal otra no han parecido. Mal habian de parecer, cuando no se echó tras ellas, ó se las buscó donde no podian estar.

parte de un desgraciado, es forzoso darles crédito: pues ni hay oro que los pague, ni mi defendido podia inspirarles mas que lástima. Para despreciar esta prueba, es preciso borrar de la legislacion de España cuantas leyes hablan de testigos; porque si veintisiete no bastan para identificar á una persona, no hay medio posible de hacer jamás una identificacion.

En esta prueba está Pedro Quintana, único criado que tenia don Francisco Fontanellas en 1845; porque D. Francisco en aquel tiempo, lejos de gastar carruaje, solo tenia un criado, á pesar de sus inmensos recursos. Pedro Quintana reconoce á mi defendido por D. Cláudio Fontanellas, y de tal modo prueba con su conducta la sinceridad de su declaracion, que no se separa del procesado y le atiende con la misma solicitud y respeto que en 1845. Aquí está D. José Mayoral, maestro de equitacion del D. Cláudio, á quien este refirió antecedentes que solo D. Cláudio podia saber; y D. Juan Bautista Perera, íntimo amigo de la familia, que acompañó al procesado desde Barcelona á Madrid en 1844. Aquí están, la nodriza de D. Cláudio Fontanellas, el cochero que le conducia á Caldas de Mombuy cuando D. Cláudio se curaba la luxacion del pié, la nodriza de su hermana doña Francisca, la costurera de su casa, el cobrador de letras de la misma, la señora en cuya casa se refugiaba D. Cláudio cuando queria castigarle su padre, varias criadas de la familia Fontanellas, y en fin, hasta los mozos del café del *Vapor*, inmediato á la casa de esta familia.

¡Es posible que todo esto sea falso! Pero al menos sepamos en qué consiste la falsedad y qué razones habrá tenido tanta gente para cometer un perjurio. Hay mas, Excmo. Sr.; no bastan las personas que reconocen al procesado; la historia demuestra cuán graves errores se han cometido en esta clase de prueba, y Barcelona fué testigo del fusilamiento de un jorobado que resucitó pasadas las ocurrencias de 1856, ó sea, de la equivocacion cometida por la autoridad militar, fusilando á un jorobado por otro. Los Tribunales de Francia no olvidarán nunca al infortunado Lesurques. ¿Quién no recuerda con espanto el célebre robo de la Mala de Lion, y aquel inocente acusado por el mismo pueblo que habia visto ejecutar el robo? Una identidad aparente entre dos personas bastó para confundirle con uno de los malhechores; y por mas que estos proclamaban su inocencia, la cuchilla de la guillotina cortó su cabeza; y despues..... la justicia se encontró con que se habia equivocado.

Mas ya que para negar la personalidad de mi defendido, solo se ha echado mano de testigos, ahí están testigos, mucho mas numerosos, de condiciones mas apreciables y de mejor posicion social. ¿ No bastan veintisiete? Pues entonces, ¿qué culpa es la de D. Cláudio Fontanellas? Si se niega crédito á estos testigos, permítasele traer documentos; péro negarle la prueba documental y no creer á sus testigos, por muchos y respetables que sean, eso es negarle el derecho de defensa.

He dicho que la prueba testifical, cuando se trata simplemente de reconocer á una persona, está sujeta á graves equivocaciones; pero lo que no corre este riesgo, es el convencimiento del testigo, respecto á la identidad de una persona, cuando no se limita á verla, sino que la examina y la hace dar cuantas noticias apetece. Pues bien; bajo este punto de vista, los testigos del sumario tienen que enmudecer ante los del plenario. Ayer demostré que en el sumario la confabulacion es manifiesta, y por tanto, nada tiene de particular que haya alguna conformidad entre los testigos de cargo; porque han podido estudiar, y en efecto, estudiaron juntos la leccion. Así niegan la personalidad de mi defendido; pero, ¿cómo la niegan? Sin hablar una palabra con él, ó mas bien, omitiéndose el diálogo que es la única garantía de un reconocimiento. Pues en el plenario los testigos preguntaron y se cansaron de examinar al procesado; y cuando declaran, lo hacen despues de afirmar su convencimiento por todos los medios imaginables. Ante estas declaraciones, ¡qué valen los careos mudos!

Pero hay mas, Excmo. Sr., y este es un indicio sumamente grave de cómo estaba el ánimo de los que declaraban. Testigos que siendo precisamente de la mas alta posicion, han dicho por todas partes que mi defendido es D. Cláudio Fontanellas, al declarar dijeron simplemente que tal les parecia. Uno de ellos, D. Alvaro Fortuny, dijo que el procesado era Fontanellas, y se lo oyeron asegurar el doctor Puigferrer y el catedrático D. Lorenzo Presas; sin embargo, el mismo Fortuny no declara de un modo resueltamente afirmativo. ¿ Qué clase de precauciones se habrán adoptado para que una persona tan distinguida aparezca tan recelosa al dar su declaracion?

En este grupo de testigos está sin duda la prueba mas concluyente de la identidad del procesado. Habia trascurrido mucho tiempo, y don Cláudio estaba desfigurado, principalmente por aquello que no se ha querido averiguar; pero fueron tales y tan cumplidas sus contestaciones, que muchos testigos dijeron: no le conocemos; mas lo que contesta, solo pudo contestarlo D. Cláudio Fontanellas. En este grupo no aparecen menos de ocho testigos, cuya buena fé resalta en la misma circunspeccion con que declaran, y son: Juan Vallescá, que fué á la escuela con D. Cláudio; José Antonio Vivern; D. Jorge Gindraus, que habia compuesto á D. Cláudio un reloj; D. Alberto de Sala y D. Alvaro Fortuny, compañeros suyos de colegio; doña Teresa Borras y María Cosetas, peinadora de su hermana doña Joaquina, y José Perich, carpintero de su casa.

Esta es, Señor, la prueba mas concluyente; y no entro á examinar las circunstancias particulares de cada testigo, porque me haria demasiado extenso; pero entre estos y los anteriores, está doña Rosa Poch y Frigola, pobre anciana al borde del sepulcro, que ya solo tiene voz para decir que el procesado es inocente, y lágrimas para llorar su desgracia.

En esta parte, si el Letrado puede decir algo de ciencia propia, alegaré un dato que nadie absolutamente puede contradecir. Cuando un Abogado hace un viaje de cien leguas para defender á un hijo de familia, por mas que la familia no sea cómplice en el delito que se atribuye al procesado, me parece que tiene algun motivo para avocarse con el defensor. Pues yo no he visto nada que tenga relacion con la familia Feliu; mas lo que sí he visto, fueron las lágrimas de esa pobre nodriza y de antiguos criados de la casa Fontanellas. Y al considerar esto ¿hay quién extrañe todavía el celo que infamemente se atribuye á miras indignas de un Letrado? ¿Qué necesito yo para defender á don Cláudio Fontanellas, sino haber visto la maldad cara á cara? Ruego al Tribunal que me disculpe este desahogo, tan justificado por razones que ya se dejan comprender. ¡Si alguien duda todavía, que pase por la cárcel y estudie allí las circunstancias que rodean á mi defendido. Allí no encontrará nada que trascienda á Feliu; allí solo verá amigos de Fontanellas, criados y criadas de Fontanellas, compañeros de armas de Fontanellas, y siempre y nada mas que Fontanellas.

En virtud de las señas particulares que habia dado la nodriza, y de lo mucho que habia esclarecido este punto, se hizo necesario un nuevo reconocimiento que negó el Juez y fué concedido por V. E.; circunstancia que me conduce á examinar el segundo reconocimiento facultativo. ¿Cuál ha sido el resultado de esta diligencia? Que al fin brilló la verdad, y fué necesario apelar á recursos muy poderosos, para oscurecerla de nuevo.

D. Lamberto declaró que D. Cláudio no se habia roto la pierna derecha, sino que se la habia dislocado, y de la palabra dislocacion se sirvió tambien el Marqués de Villamediana. Es decir, que merced á los mismos enemigos de D. Cláudio, la verdad, que tiene una gran fuerza espansiva, quedó de manifiesto; y así resultó inútil el primer reconocimiento; porque el Juez habia preguntado por una fractura, y los facultativos se limitaron á ver si existian señales de haberse roto la tibia y el peroné. Habia tambien la circunstancia de que los consortes Feliu declararon que su hijo no se habia roto ni dislocado miembro alguno.

Entonces fué cuando se hizo el nuevo reconocimiento por tres facultativos, y el primero de ellos D. Benigno Armendariz. No se crea que voy á ocuparme aqui de nada extraño al proceso; mas toda vez que este médico ha olvidado su declaracion, voy á leerla, para que se conozca la verdad, y comprenda el doctor Armendariz, que necesita asegurarse mucho antes de decir que me separo en lo mas mínimo del proceso.

Dice este doctor: «Que ha reconocido al procesado que tiene á la » vista, y examinadas sus manos le ha notado varias cicatrices de di- » ferente extension y forma, especialmente la mas marcada, la que » tiene en la parte media del pulpejo del dedo medio de la mano derecha, » de forma algo irregular, y que no concibe coincida bien con la que » existe en el mismo dedo de la parte radial cerca de la uña, ni concibe » el cómo se haya verificado segun le ha expresado haber sido hecha » por arma blanca, una espada en acto de desafío, que al parecer á la » vez fueron heridos los dedos anular y meñique con la misma espada » y en el mismo acto, sin que en dichos dedos haya podido reconocer las » cicatrices. No le es posible determinar el instrumento que las ha cau- » sado, en atencion á que las cicatrices, cuando pasa cierto tiempo son » susceptibles de disimular las formas que son mas propias, ya de cuer- » pos contundentes, ya de cortantes y punzantes, y en atencion á que, » aunque parezca hasta cierto punto inverosímil que una cicatriz cual- » quiera pueda tener relacion con otras muchas cosas que atañen al in- » dividuo á quien se reconoce, y segun la cuestion que se ventile, espe- » cialmente para la identidad, á modo de ver del declarante necesita » abrazarse la cuestion en su conjunto; porque todas las partes que la » constituyen, tienen relacion íntima en el todo.»

¿Qué ha declarado aquí el doctor Armendariz, si es que su declaracion quiere decir algo? Que encontró una cicatriz en el dedo medio de la mano derecha; que esta cicatriz es de forma irregular; que no corresponde con otras que él no encuentra, y que no puede determinar el instrumento que las ha causado; porque las cicatrices son, como él dice, «susceptibles de disimular las formas.» Hé aquí con cuanta verdad he sostenido y sostengo que en esta declaracion no se afirma que D. Cláudio Fontanellas tenga una cicatriz como debiera ser, caso de haberse estropeado un dedo. Es cosa probada y reconocida por los testigos de cargo, que la cicatriz de Cláudio Feliu debió ser causada por instrumento contundente : pues con otra clase de instrumento se puede cortar, pero no estropear un dedo. El doctor Armendariz no acierta á determinar con qué instrumento se causó la herida del procesado; luego este dictámen está muy lejos de probar que la cicatriz en cuestion sea como la de Cláudio Feliu; porque si el dedo se hubiera estropeado, seria bien fácil explicar el accidente.

¿Y es cierto, Excmo. Sr., que las cicatrices se modifican hasta el punto de no ser posible imaginar la forma del instrumento que las ha causado? Siento contradecir al doctor Armendariz; mas diga lo que quiera, las cicatrices de instrumento cortante y las de instrumento contundente se distinguen, mientras se conocen. Es posible que con el tiempo se borre toda huella y no sea fácil descubrir si hubo cortadura ó magullamiento; pero el carácter especialísimo de una incision en la carne es tan permanente como la cicatriz misma. Cuando la carne se destroza, podrá con el tiempo borrarse la cicatriz; mas el dedo estropeado no vuelve á recobrar su primitiva forma.

Sigue una larga relacion de los lunares que tiene en su cuerpo don Cláudio Fontanellas; y es de advertir que, á la vaga noticia de que el procesado tenia un lunar de considerable dimension, los consortes Feliu dieron tambien esta seña. Por fortuna ha habido un médico que, queriendo poner á prueba la buena fé de los supuestos padres, habló algo de un lunar. Por primera vez entonces Joaquin y Joaquina Feliu hablaron tambien de ese lunar, asegurando que estaba en la espalda; pero se equivocaron. «Que ha reconocido, continúa Armendariz, un » lunar en la parte anterior del sobaco derecho, un poco hácia su parte » inferior.» ¡Qué padres son estos que no conocen las señas particulares de su hijo! Tiene un lunar, y no saben dónde; se ha estropeado un dedo, y no aciertan á decir cuál es.

Despues de una prolija enumeracion de manchas y lunares, continúa el médico: «Que asímismo ha observado en el individuo de quien » se trata una cicatriz en la parte superior media de la rodilla derecha, » otra cicatriz en la parte externa de la pierna del mismo lado, encima » del maleolo externo, de direccion trasversal, algo oblícua de arriba » abajo, y de detrás adelante de forma lineal; su extension como de

» una pulgada, producida, segun dice el reconocido, por una caida de
» caballo á últimos del año de 1843 ó principios del 44, en la que dice
» se dislocó el pié, pero no recuerda si la dislocacion fué hácia dentro
» ó hácia fuera, sin que en la actualidad se note en lo físico de la mis-
» ma nada de particular, *si bien aparece no puede jugar bien la articu-*
» *lacion del pié con la pierna.*»

Si esto es castellano y está escrito para que se entienda, quiere decir que sobre el maleolo ó tobillo del pié derecho hay una cicatriz, y
que, á lo que parece, no juega bien la articulacion del pié con la pierna. Esto procede, segun D. Cláudio, de una caida de caballo; y es
claro que el médico no habia de adivinar por la cicatriz la historia del
paseo á Sarriá y la caida del caballo. Por eso nada tiene de particular que esta explicacion, no la dé el médico, sino D. Cláudio. Mas al
consignar la falta de juego de la articulacion, el médico no se funda en
noticias del procesado, sino en lo *que aparece*, y por lo *que aparece*,
declaró Armendariz lo que acabo de exponer. Si ahora tiene algun motivo para decir otra cosa, allá se las haya; pero lo escrito, escrito está.

Sigue la declaracion de D. José Oriol Sola, que dice: «ha obser-
» vado una cicatriz en la parte céntrica del pulpejo del dedo me-
» dio, etc.; otra, situada, puede decirse, trasversalmente en la super-
» ficie dorsal del dedo índice de la propia mano, que corresponde en-
» frente de la articulacion de la última falange.» El primer facultativo
no encuentra sino una cicatriz, el segundo ya encuentra dos: una en
en el dedo medio y otra en el índice. Nos vamos aproximando á lo que
dice el procesado. «Cuyas heridas, continúa el facultativo, al parecer
» del declarante, pudieron ser hechas con instrumento cortante;» y
añade: «que así bien ha echado de ver una cicatriz hácia la parte su-
» perior y media de la rodilla derecha..... Otra, en la parte inferior y
» externa de la misma pierna, encima del maleolo externo, en direccion
» trasversal y algo oblicua de arriba abajo, de detrás adelante, como
» de una pulgada de extension, *notándose en la articulacion de la*
» *pierna derecha con el pié que no puede completar enteramente sus*
» *movimientos*, cuya falta, dice el reconocido, es producida por una
» luxacion que sufrió en aquella parte, sin que en la actualidad se de-
» muestre en lo físico cosa particular que lo indique.»

El primer facultativo no dice que la cicatriz del dedo medio haya
sido producida por un instrumento contundente, y esto aleja la idea de
que dicho dedo se haya estropeado. El segundo, añade que esta cicatriz y la del índice pudieron ser hechas por instrumento cortante. El

destrozo del dedo ya no se concibe. Además, la falta de juego en la articulacion del pié, está nuevamente reconocida, é importa poco que el facultativo no acierte á determinar el accidente que la ha producido; que no son brujos los facultativos para tales adivinanzas.

El doctor Puîgferrer declara: que «ha observado que en los dedos » de la mano derecha, anular, medio y meñique hay unas cicatrices; » que á la par que en el dedo anular y en la última falange, parte car- » nosa, está bien pronunciada la cicatriz, en los dos restantes son bas- » tante insignificantes; que los instrumentos con que se hicieron dichas » heridas fueron cortantes y punzantes. Que igualmente ha observado » algunas cicatrices, ya en la rodilla derecha, en su parte anterior, ya » en la articulacion del pié con la pierna, del mismo lado, siendo la » primera insignificante y la otra á consecuencia de una herida hecha » por un cuerpo extraño de carácter contundente y cortante.»

A las indicaciones de los dos primeros facultativos añade Puigfer-rer, que son tres las cicatrices de los dedos, y que fueron causadas por instrumento cortante y punzante; y si bien atribuye á la accion de un cuerpo extraño la cicatriz que se nota en la articulacion del pié, esto, lejos de contradecir, confirma el resultado de las pruebas; porque la verdad es que, como declara la nodriza, D. Cláudio Fontanellas no solo se dislocó el pié al caer del caballo, sino que la piedra contra la que chocó, le produjo una herida. Quiere decir, Excmo. Sr., que es verdad probada que no juega bien la articulacion del pié con la pierña derecha del procesado; que esta irregularidad procede de una disloca-cion que se ha confundido con una fractura, como el vulgo lo suele hacer con frecuencia. Luego, en esta parte, el resultado del primer re-conocimiento facultativo en nada perjudica á D. Cláudio Fontanellas, y antes bien le favorece; porque si no aparece que se haya roto la tibia ni el peroné, eso mismo demuestra que el accidente solo ha podido ser verdadera dislocacion.

Además, los facultativos del plenario encuentran algo hundido el pecho de D. Cláudio Fontanellas, que es señal característica de la familia. Dejo á un lado la dichosa quemadura que tan extemporáneamente citaron los consortes Feliu; porque es una mancha en la carne, «cons-tituida de una piel rugosa,» cuya procedencia no aciertan á explicar los dos primeros facultativos, añadiendo el último que «ha observado » no existir en las nalgas nada que induzca a creer haber habido » ninguna quemadura;» por donde resulta probada la falsedad de los consortes Feliu. Respecto á la edad, solo D. José Oriol Sola calcula que mi defendido podrá tener «de unos treinta á treinta y cuatro años,» absteniéndose los demás de emitir su dictámen; y esta es ocasion de decir dos palabras acerca de las señas personales de D. Cláudio Fontanellas.

Francisco Fernandez, marido de la nodriza de Cláudio Feliu, dice que este le parece de menos edad que el procesado, y Pedro Calís añade que hay una total diferencia entre las señas personales de uno y otro. Pues bien; desde las diligencias de 1852, las señas que se vienen atribuyendo á D. Cláudio Fontanellas, son exactamente las mismas del procesado: pelo negro, barba negra, sien abultada, cargado de espaldas y balbuciente. (1). Como ha sido mucho tiempo militar, adquirió el continente propio de su clase; pero obsérvesele bien cuando puede estar con comodidad y á sus anchas, y se le verá notablemente encorvado, por efecto de la mala configuracion del pecho, que observaron los facultativos. En cuanto á si es ó no balbuciente, no hay mas que oirle, máxime cuando habla el dialecto del país (2).

Teniendo, pues, consignadas tan claramente, y desde 1852, las señas personales de D. Cláudio Fontanellas, ¿por qué no se ha hecho que todo testigo, antes del careo, determinara las de Cláudio Feliu? ¿Por qué todo lo relativo á señas, excepto la lesion del dedo, quedó para despues que Barcelona entera conocía detalladamente las del procesado? Aquí nadie se ocupó hasta el plenario de las señas principales de Cláudio Feliu; y al mismo tiempo, á cada testigo de descargo que reconocia á D. Cláudio Fontanellas, teniéndole á la vista, se le preguntaba qué señas tenia D. Cláudio Fontanellas, como si condujese á nada dar las señas de una persona que se tiene delante. ¿Es disculpable tanto abandono por una parte y tanta minuciosidad por la otra, cuando todo concurre al mismo fin de oscurecer la verdad?

Otro reconocimiento se ha hecho en el plenario, y es el de los peritos calígrafos. Siento mucho las frecuentes interrupciones que tengo que hacer con la lectura de los autos; mas me he propuesto tenerlos constantemente á la vista, para no separarme de lo que se ha escrito.

(1) Algunos añaden que era lleno de cara.... hace cosa de veinte años. Considere el lector si puede citarse en sério esta señal.

(2) Además de esto, podrá ser aprehension; pero somos muchos los que creemos, que D. Cláudio y la señora Marquesa de Villamediana se parecen lo mismo que si fueran hermanos.

Cuatro calígrafos, el director, un regente y dos profesores de la Escuela Normal, han reconocido las cartas del secuestro; y comparándolas con la carta del fólio 117, escrita á bordo del bergantin *Puerto-Rico*, encuentran bastante analogía entre esta y aquellas cartas; á pesar de algunas diferencias que proceden de la distinta época en que se han escrito. Los mismos calígrafos, en segunda instancia, reconocieron la carta presentada por Antonio Coll, y opinan que quien la ha escrito, no escribió las que son de letra indubitada de D. Cláudio.

Ya sé yo que el dictámen de los calígrafos no es decisivo; pero á dos simples maestros de escuela, me parece que ya pueden contestar las eminencias caligráficas de Barcelona; y con esto doy por concluido el análisis del plenario.

Confieso, Excmo. Sr., que es preciso analizar muy detenidamente este negocio, para no dejarse seducir por las apariencias; pero bien estudiado, bien comprendido, es imposible toda duda. He dicho ayer, al empezar mi discurso, que cuando investigábamos si hay aquí un impostor, nos hemos encontrado con impostores á docenas. ¿De parte de quién está la falsedad? Esta es ocasion de ver qué prueba tiene un carácter mas fidedigno; y al efecto, no hay mas que hacer un paralelo entre los testigos de una y otra parte.

Testigos que no conocen al procesado por D. Cláudio Fontanellas, contando entre ellos á su hermana doña Eulalia y á D. Antonio de Lara, DIEZ; de los cuales Freixer, Aromir, doña Bernarda Prim y D. Luis Sala, empezaron por conocer á D. Cláudio Fontanellas en la persona recien-llegada á casa de D. Lamberto.

Testigos que conocen al procesado por D. Cláudio Fontanellas, VEINTISIETE, contra los que no se ha hecho el menor cargo que pudiera hacerlos sospechosos; hallándose entre ellos D. Ramon Pararera y don Juan Bautista Perera, personas importantes, la nodriza de D. Cláudio, el criado de su casa durante el secuestro, su maestro de equitacion y otros que tenian poderosos motivos para conocerle. A estos hay que añadir CINCO testigos de opinion favorable y SEIS que conocieron á don Cláudio por la exactitud de sus contestaciones; entre los cuales figuran D. Alberto de Sala y D. Alvaro Fortuny, mas NUEVE testigos de referencia que acreditan cómo D. Cláudio fué conocido por personas que no se dignaron prestar declaracion, ó no declararon de una manera explícita.

Testigos que conocen al procesado por Cláudio Feliu, comprendiendo á toda la familia de este, ONCE, entre los que figuran los de la emboscada que preparó el cajero de D. Lamberto, y Francisco Sust, testigo del plenario, que «manifestó no reconocer al procesado por Cláudio Feliu» y así lo confiesa el mismo, además de declararlo D. José Ballester, y luego afirmó que el procesado es efectivamente Feliu. Testigos que deponen lo contrario, SIETE, á los cuales hay que añadir otros SEIS que conocieron al procesado en Buenos Aires antes de 1857, figurando al frente de ellos D. José Patxot.

Calígrafos que declaran contra el procesado: D. Agustin Mirach y D. Grotardo Grondona, DOS maestros de escuela. Calígrafos cuyas declaraciones favorecen al procesado: D. Odon Fonoll, director de la Escuela Normal, D. José Giro y D. Crescencio María Mollé, profesores, y D. Inocencio Casals, regente de dicha Escuela, CUATRO autoridades de primer órden.

Médicos que declaran contra el procesado, D. Cayetano Almirall y D. Ruperto Mandado, y médicos que declaran en pró, D. Benigno Armendariz, D. José Oriol Sola y D. Joaquin Puigferrer.

Es decir, Excmo. Sr., que si el número de los testigos significa algo, el plenario tiene una fuerza irresistible; y si todavía fuera ocasion de aducir mas pruebas, me atreveria á decir, que si no bastan cincuenta y ocho testigos, por cada uno que presente D. Lamberto, nosotros ofrecemos presentar veinte. Mas prescindiendo del número, preciso es entrar en el exámen comparativo de una y otra prueba, para ver por cuál nos decidimos.

Tenemos, por una parte, testigos que se desdicen y contradicen de una manera vergonzosa. ¿Cuáles son sus antecedentes? Las indicaciones que llevo hechas lo demuestran demasiado. Tenemos á la familia Fontanellas interesada, y además de interesada, sospechosa por su conducta; once testigos que fueron presentados por la misma familia Fontanellas, y por tanto de malísima procedencia; mas la familia Feliu, que cuando públicamente se dudaba de su veracidad, acudió á la superchería de fingirse enferma, por no venir á ratificarse.

En las declaraciones de la prueba no hay absolutamente nada de esto, y harto lo dice el silencio absoluto que se guarda al encontrarse con tanta gente, cuya lealtad y buena fé no puede ponerse en duda. Toda la tacha que estos testigos tienen para el Juez, es que declararon cuando el proceso era público. ¡Lástima que todo el proceso no fuera trasparente y claro como la luz; que entonces, no habria en esta causa tan tenebrosos misterios! Mas no me cansaré de repetirlo: ya que se desprecie esta prueba, que se nos diga de una vez por qué se la desprecia. ¿No tendremos derecho á saberlo? Es muy cómodo echar á un lado todo el plenario, diciendo como ha dicho el Promotor Fiscal, que el procesado está reconocido por sus padres, y que «los padres no se engañan jamás cuando se trata de la filiacion de sus hijos.» Es verdad: los padres no se engañan sino..... cuando no son padres; y aquí nadie dice que los consortes Feliu se engañaron, sino que pretenden engañarnos con la indigna farsa del padre Babilot y de la madre Pasti. Pero no será, mediante la justificacion de V. E., que habrá de reconocer como verdad probada é inconcusa, que mi defendido es y no puede ser otro que D. Cláudio Fontanellas.

Esta es mi conviccion profunda y la de todo el que hace un detenido exámen del proceso. Por esta razon ¿dónde hay sorpresa como la que produce el fallo del inferior? ¿Cómo ha podido el Juez llegar á declarar que este hombre es Cláudio Feliu? Que un Juez se equivoque, nada tiene de extraño, porque en lo humano ningúno es infalible; mas que para dictar sentencia, se omita ó desfigure cuanto favorece al procesado, exagerando los cargos que resultan contra él..... ¡Ah! esto si que no tiene disculpa; porque tal recurso como este, basta por sí solo para justificar el fallo mas absurdo.

La moderna legislacion no permite ya que se absuelva ó condene con una sola palabra: cuando se priva a un hombre de su libertad y de su honra, es preciso decir por qué; el encausado y la sociedad entera tienen derecho á saberlo; y no basta decir que se condena por tal ó cual delito; es preciso exponer los hechos y las razones en que se funda la sentencia; guardando siempre la exactitud mas escrupulosa. Pues el Juez inferior, al reasumir el proceso, omite las contradicciones en que incurren los testigos de cargo, y apenas expone mas que aquello que puede hacer la perdicion de mi defendido. Yo no leeré toda la sentencia; pero voy á demostrar la exactitud de mi aserto.

Dice el Juez inferior: «Resultando que la edad del procesado es, segun declaracion de los facultativos forenses del Juzgado, de veinticuatro á veintiseis años.» Como el Juez no habla una palabra de otro dictámen facultativo, quien quiera que lea esta sentencia, creerá lisa y llanamente que mi defendido no tiene mas edad que veinticuatro ó veintiseis años, ó que sobre este particular los médicos están perfectamente de acuerdo; y entiendo que algun respeto mas se debe á los facultativos de la prueba. Si estos pudieron faltar á su obligacion por sugestiones de D. Cláudio Fontanellas, los primeros pudieron tambien faltar por sugestiones de su familia; y una vez que los del plenario dijeron que no habia en la ciencia datos bastantes para fijar la edad de un individuo, y que uno de ellos se adelantó á decir que el procesado tendria de unos treinta á treinta y cuatro años, el Juez ha debido exponerlo así: porque al Juez incumbe dar á conocer la verdad íntegra, sin esta clase de reticencias.

Sigue el mismo sistema. «Resultando que del reconocimiento practicado por los revisores de letras nombrados por el Juzgado, aparece que no ha escrito el procesado lo que es de letra indubitada de D. Cláudio Fontanellas.....» Aquí el Juez omite el reconocimiento caligráfico hecho por el director, dos profesores y un regente de la Escuela Normal. Si este dictámen le parece despreciable, que lo desprecie; mas ¿por qué no consigna lo que resulta de autos, ya que de resultandos se trata?

«Considerando (dice, entre otras cosas, el Juez) el muy significativo hecho de hallarse enmendado el apellido del Cláudio á cuyo favor se expidió el diploma de 22 de Julio de 1858, *para que pudiera leerse el de Fontanellas...*» Ruego al Tribunal que tenga á la vista este diploma, y se persuadirá de que nadie ha podido haberle enmendado *para que en él se leyera Fontanellas*, sino para indicar que allí estaba escrito cualquier otro apellido. No quiero ser caviloso; pero la informalidad es notoria. Todo actuario debe consignar por diligencia el estado de los documentos que se depositan en su poder. Pues bien; cuando el procesado entregó ese diploma ¿se leyó lo que era? Y ¿cómo no se vió entonces la enmienda del apellido, que mas que enmienda, es un deforme tachonazo, perceptible á dos varas de distancia?

Sobre todo, Excmo. Sr., cuando al exponer el resultado de las declaraciones, se presenta por ejemplo á D. Juan Freixer, D. Salvador Aromir y doña Bernarda Prim, como testigos puramente negativos é idénticos á doña Eulalia y á D. Antonio de Lara, siendo así que los dos primeros empezaron por traer en triunfo á D. Cláudio, asegurando que era el mismo Fontanellas, y doña Bernarda llegó casi á perder el sentido, al abrazarla el sugeto á quien reconoció por D. Cláudio Fontanellas; cuando al exponer el resultado del plenario, se rebaja el número de los que reconocieron positivamente á D. Cláudio, y al que declaró de la manera mas terminante, se le presenta como testigo dudoso ó se omite por completo su nombre, el desconsuelo mas grande se apodera del defensor de D. Cláudio Fontanellas; porque con este sistema, no hay salvacion posible para la inocencia.

El Juez dividió los testigos de la prueba en dos grupos: uno de los que afirman que el procesado es D. Cláudio Fontanellas; otro de los testigos de opinion, que no afirman que es Fontanellas, sino que les parece. El primer grupo se compone de diez y seis testigos; y yo pregunto ¿dónde está por ejemplo el testigo 68? ¿Se ha omitido su nombre, porque no declaró de una manera terminante? Lo vá á ver el Tribunal.

Testigo 68; Juan Prunera, de sesenta y siete años. Preguntado por el capítulo 4.° dijo. «*Que reconoce sin género alguno de duda* al proce- »sado que tiene á la vista por D. Cláudio Fontanellas, fundándose para »ello en el conocimiento que de él hizo como blanqueador que fué de »la casa de Fontanellas por espacio de dos años y medio á tres, y antes »de 1844.» ¿Es esta una simple opinion que no ha merecido tomarse en cuenta al clasificar los testigos? ¿Puede darse un testimonio mas afirmativo?

D. Juan Bautista Perera, de sesenta años, preguntado por el cap. 4.°, dijo: «Que ha tratado con intimidad á D. Francisco Fontanellas y á la fa- »milia, y por este motivo, y por disposicion del citado D. Francisco »acompañó á su hijo D. Cláudio á Madrid en Abril de 1844; habiéndole »visto despues de su regreso de Madrid, en donde quedó el D. Cláudio »cuando regresó el testigo, sin que pueda determinar cuando le viera la »última vez antes de su desaparicion de la casa paterna; que sabedor por »la voz pública de que se hallaba en la casa de D. Lamberto Fontanellas »como su hermano el procesado que tiene á la vista y despues por los pe- »riódicos de la acusacion y defensa del procesado, llevado de la curiosi- »dad se vino á esta cárcel en la que vió al referido procesado en quien »observó el cambio natural de la fisonomía debido á la edad entre él »y el referido D. Cláudio Fontanellas; pero por su semejanza con este »en ojos, nariz y el habla, esta última comun á sus hermanas doña Do- »lores y doña Joaquina, cree que el procesado es el D. Cláudio Fonta- »nellas que menciona la pregunta.»

¿Puede ser mas afirmativo D. Juan Bautista Perera? ¿Cómo es que no aparece en la lista de los que conocieron á D. Cláudio? Y si con al- gun fundamento se manda proceder contra los demás ¿por qué no al- canza á este tan terrible decreto? Pues aun mas afirmativos, si cabe, lo fueron D. José Mayoral, doña Manuela Cabañer, D. Raimundo Corominas y D. Emilio Witer; sin embargo, se omiten sus nombres ó se les coloca entre los testigos dudosos. Así, por ejemplo, se presenta como dudoso á D. José Mayoral que, preguntado, dijo: «Que para el »testigo, en su conciencia, el procesado que tiene á la vista es D. Cláudio »Fontanellas á quien como maestro de equitacion dió lecciones por es- »pacio de dos meses despues del primer bombardeo de esta capital »durante la Regencia del General Espartero, habiéndole reconocido »como tal en esta cárcel á la que vino por curiosidad, ya por los rasgos »de su fisonomía, ya por haberle recordado algunos hechos de la épo- »ca en que fué su discípulo de equitacion...» Que para el testigo, *en su conciencia*, el procesado es D. Cláudio Fontanellas, ¿Qué mas ha de decir? ¿Por qué conciencia ha de declarar el testigo, mas que por la suya propia? Pues este se halla entre los de mera opinion, lo mismo que D. Juan Bautista Perera; y todo porque en medio de tanto detalle y de tanto antecedente, aparecen las palabras *cree*, *en su conciencia*, *para el testigo*, y otras análogas que en nada desvirtúan la fuerza de sus declaraciones.

Ahora bien ¿son falsos estos testigos? Pues pido que se proceda contra todos ellos. ¡Que darán explicaciones, dice el Ministerio Fiscal! Pues no las darán; y si llegan á darlas, serán terribles para el Juez y para el Escribano. Yo he visto á la mayor parte de esos testigos y (pido que si parece bastante grave lo que voy á decir, se escriban mis palabras) casi todos se quejan de que no fueron bien consignadas sus declaraciones (1).

Dejo aparte el grupo de testigos de mera opinion, donde se ha

(1) Esto mismo se habia dicho en el proceso. Escrito de mejora de apela- lacion; 4.° otrosí, digo: «Que algunos de los testigos que han declarado en el término de prueba sobre la identidad de la persona de D. Cláudio Fontanellas, y de los que han declarado no ser el procesado Cláudio Feliu y Fontanills, *han manifestado que en sus declaraciones no están expresadas todas las circunstancias que ellos dijeron*, etc.»

Como medio de probar este abuso, se pidió inútilmente la rectificacion de dichos testigos. ¿Seria que el abuso no estaba claramente expresado?

Pero el Licenciado Nieva, como se verá mas adelante, fué conducido á la cárcel y severamente condenado en primera instancia, por el *desacato* de men- cionar *la cohibicion ejecutada con los testigos y la inexactitud al redactar los dichos de estos*. Véase el tercer considerando de la sentencia dictada contra don Manuel Nieva. ¿Será tambien desacato pedir la residencia de quien correspon- da ante el Tribunal Supremo de Justicia?

6

omitido á Juan Vallescá, D. Alvaro Fortuny y D. Jose Perich, y sigo con el mismo considerando. Dice el Juez, que la razon de ciencia de los testigos de cargo es bien fundada, « *al paso que destituida de sólido apóyo la de los de descargo.*» ¡ Qué no tienen razon de ciencia la nodriza de D. Cláudio, su maestro de equitacion, el criado de su casa cuando el secuestro, el amigo de su padre que le acompañó á Madrid y tantas otras personas como vieron y trataron á D. Cláudio antes de su desaparicion! ¿Pues qué; el haber sido nodriza, ó criado, ó maestro de D. Cláudio ¿no son razones de ciencia? Sin duda el Juez no se tomó la molestia de examinar los antecedentes de cada testigo.

«Considerando..... la diferencia de edad entre el procesado y don Cláudio Fontanellas, el haber reconocido á aquel por haberle conocido en esta ciudad y casa-habitacion de D. Gabriel Romeu, cuando la ausencia de Fontanellas data, segun se ha expresado, del mes de Setiembre de 1845, y *Rodés vino por la vez primera á esta dicha ciudad de Barcelona en el 1850.....*» Me he lamentado con sobrada razon de la distinta lógica que se emplea en este procedimiento, segun que los hechos redundan en favor, ó en contra del procesado. ¡Contra él, basta un solo testigo; en su favor no bastan cincuenta y ocho! ¿Quién ha dicho que Rodés no vino á Barcelona hasta 1850? Nadie mas que Rodés; y cualquiera que lea esta sentencia, creerá como verdad probada lo que solo consta por declaracion de Rodés; el testigo mas sospechoso. Esta es la lógica, esta la igualdad de criterio en la apreciacion de las pruebas; pero lo que Rodés asegura, es falso, y falso por lo mismo el razonamiento de la sentencia.

El Juez se apoya en seguida en la retractacion de Coll y en la carta presentada por este, y dice: «que se halla justificado, así por el dicho del testigo Coll como por el de los revisores de letras, que la carta fechada tambien en esta capital el 18 de Setiembre de 1852, está escrita por el procesado.» El Juez se calla las contradicciones del confitero y la circunstancia de haber sido presentada esa carta fuera del sumario, cuando las indubitadas del proceso podian servir de modelo para una falsificacion. ¿Es así como se redacta una sentencia? Considerandos en los que se omite por sistema cuanto puede desacreditar á los testigos de cargo, no son dignos de un Juez que sabe su obligacion. De hoy mas, Antonio Coll y demás testigos de su clase, se retractarán cien veces, en la confianza de que ha de venir un Juez á encubrir sus contradicciones.

Despues de enumerar los testigos de cargo, sin advertir, por ejemplo, que Francisco Sust, confiesa haber dicho que el procesado no era Cláudio Feliu, antes de declarar que lo era, añade el Juez: «contra cuyas aseveraciones son de todo punto ineficaces LAS INDICACIONES hechas en contrario sentido por D. José Ballester, Félix Ciervo, etc.» y sigue la enumeracion de los testigos, para quienes el procesado no es Cláudio Feliu, entre los cuales se omite á Miguel Figueras.

Cualquiera que no haya estudiado este proceso, lo que deduce de tal considerando, es que la familia Feliu reconoce por hijo suyo y hermano respectivo al procesado, y que contra este aserto se hicieron *meras indicaciones de todo punto ineficaces.* El Tribunal va á ver qué es lo que el Juez entiende por *indicaciones.*

D. José Ballester, de treinta y dos años, dice: «Que en efecto ha manifestado, *é insiste en manifestar, que no reconoce al procesado, á quien tiene á la vista, por Cláudio Feliu,* sabiendo, por manifestacion de D. Félix Ciervo y D. Francisco Sust, que tampoco han reconocido por Cláudio Feliu á dicho procesado.» Esto es lo que llama el Juez *meras indicaciones.*

D. Félix Ciervo declara: «Que con efecto ha manifestado que el procesado, á quien tiene á la vista, no es, á su parecer, Cláudio Feliu Fontanills, *en cuya creencia persevera,* pues para el testigo no es tal Cláudio.»

Prescindo ya de la coordinacion singularísima de las frases y del castellano especial que se ha adoptado para la prueba. ¿A qué viene la muletilla «á su parecer» cuando dice el testigo «que persevera en la misma creencia?» Entre las demás declaraciones, cuya lectura omito, está la de la nodriza Teresa Masot, la cual dice: «que para ella no es el procesado el Cláudio Feliu, á quien crió,» y añade que le trató hasta su marcha. ¡Y á esto lo llama el Juez meras indicaciones! ¡Ah! ¡No hay paciencia para sobrellevar tanto desórden!

En el siguiente considerando opone el Juez como tacha á los testigos que vieron á D. Cláudio en Buenos Aires, antes de 1857, la circunstancia de haber sido «examinados en plenario á peticion del mismo procesado.» Pues tengo que decir otra cosa con amargura y pesadumbre, y es, que alguno de esos testigos declaró en el plenario; porque, durante el sumario, no se ha querido tomarle declaracion. Al Juez le pareció alguno demasiado oficioso, por presentarse espontáneamente, y no se dignó oirle; hubo quejas al mismo Sr. Regente; mientras duraban estas contestaciones, se elevó la causa á plenario, y entonces se dijo: ya es tarde. Y ¿de quiénes se afirma que no merecen crédito por haber declarado en el plenario á ruego del mismo procesado? De personas distinguidas de esta poblacion, que por lo visto se abandonaron á la esperanza, por cierto remota, de que D. Cláudio dejara de ser un miserable desgraciado, como lo es en el dia (1).

«Considerando que al asegurar, como han asegurado, en términos absolutos Leopoldo Rossi, Ramon Vidal.....» Sigue una lista de testigos que reconocieron al procesado por D. Cláudio Fontanellas, contra los cuales se manda proceder por delito de falso testimonio. Pero el Juez, Excmo. Sr., se ha espantado de lo mismo que hacía, y en esa lista omite nada menos que once testigos. ¿Por qué tal omision? Porque el Juez se estremeció delante de su obra. Pues hay que mandarlos á todos á presidio, ó no procesar á ninguno.

El Tribunal ha visto qué terminantes son las declaraciones de los que dicen que este hombre no es Cláudio Feliu. Y bien; estos testigos, ¿no son igualmente perjuros? ¿No es perjura la misma nodriza de Cláudio Feliu, para quien el procesado no es su hijo de leche? ¿Por qué estos siete testigos no fueron comprendidos en la lista de los sospechos? ¿Por qué no se lanza contra ellos el cargo de falsedad? Porque el Juez, lo repito, se horrorizó de su misma obra.

Con esta manera de estudiar los hechos y de exponer los datos, el Juez falló, declarando que mi defendido es Cláudio Feliu; manda proceder criminalmente contra veintidos testigos que le reconocieron por Fontanellas ó le vieron en Buenos Aires antes de 1857, y reserva su derecho al Marqués de Villamediana para que se querelle de injuria y calumnia contra la defensa. Excuso reproducir cuantas razones llevo alegadas para demostrar la injusticia de esta sentencia y la necesidad absoluta de su revocacion. Séame permitido, sin embargo, hacer una observacion final que abraza todo el procedimiento.

Lejos de Barcelona se mira este negocio de una manera particular. ¿Cómo es posible, se pregunta, que año y medio se halle pendiente una

(1) A cuanta gente declaró en el término de prueba, se la tacha nada mas que por haber declarado á instancia del preso; pues ¿á instancia de quién habia de ser? Todo plenario se instruye á instancia del procesado; y si, por esta sola razon, no hace prueba, el plenario es inútil. Así, lector, de hoy mas nó servirá decir: soy inocente; presentaré testigos; pues en el mero hecho de presentarlos el procesado, ya no valen. Verdad es que valen en cambio cuantos presente contra él su mayor enemigo.

cuestion sobre la identidad de un sugeto? Cualquiera, poniéndose en el
caso de mi defendido, reflexiona y dice: si yo me encontrara en la cárcel, precisado á demostrar que yo soy yo, lo conseguiria en veinticuatro horas. Esto será cierto en absoluto; pero no lo es cuando se procede como se ha procedido en la causa Fontanellas.

Si á una persona recien-venida á España, sin relaciones y sin amigos, se la sorprende á media noche y con testigos llamados al efecto,
y el uno dice que es confitero y que tuvo de aprendiz al recien-venido,
y el otro lo confirma, alegando que ha sido vecino del confitero; si
entonces se aplican á este hombre unos padres postizos que aso-
mándose á una rejilla, le miran y dicen que es hijo suyo; si el procesado protesta y pide que aquellos padres se ratifiquen en su presencia,
y el Juez no lo consiente; si, además, el desgraciado viene con diplomas, y los diplomas desaparecen; si habla, si jura, si protesta contra
las personas que le niegan, conociéndole, y no se consigna por escrito
nada de lo que dice; si sobre todo esto llega un momento en que se le
abren las puertas del calabozo, y no permitiéndosele mas prueba que
la testifical, reune testigos y mas testigos, y á ninguno se le da crédito..... Ya veis que, burlándose de la Ley, es muy fácil en el siglo XIX
hacer pasar á una persona por otra.

En esta sentencia se concede autorizacion al Marqués de Villamediana para deducir accion de injuria y calumnia contra la defensa ó representacion de D. Cláudio Fontanellas. Yo, respetando siempre la
práctica de este Superior Tribunal y las órdenes de V. E., no pongo
el menor reparo á que la representacion del Marqués tome parte
en el debate, y antes bien quisiera ver igualmente representado al
Marqués de Casa-Fontanellas; porque entonces habria de ser mucho
mas severo en mis cargos. Pero ha sido una extraña novedad para mí,
que, habiéndose mostrado parte el Marqués de Villamediana solo para
que se confirmara la sentencia en cuanto á la autorizacion, y no habiéndose contado con él en el debate escrito, venga hoy á tomar parte
en el debate oral. Discutir de palabra, no habiéndosele permitido discutir en el proceso, no lo entiendo. Repito que esto es para mí una novedad; pero si está en armonía con la práctica del Tribunal, la respeto
y la acato. Sin embargo, como no me es dable prever lo que va á decir
mi digno compañero, y despues que él haya hablado, no se me permi-
tirá contestarle, cumple á la defensa de D. Cláudio Fontanellas decir
algo de esa autorizacion.

Las autorizaciones que un Juez ó Tribunal conceden á uno de los litigantes ó á cualquiera persona extraña para querellarse por injurias y calumnias que se le hayan inferido durante el juicio, esas autorizaciones no pertenecen al proceso, ni pueden ser objeto de apelacion; porque nunca deben formar parte de la sentencia. Se refieren á sucesos incidentales que nada tienen que ver con el delito que se persigue.

No quiere decir esto que la representacion de D. Cláudio Fontanellas se oponga á que hable lá del Marqués de Villamediana, ni menos que se le niegue la autorizacion que solicita. Todo lo contrario; ya que al Marqués de Villamediana le hace falta esa autorizacion, para querellarse criminalmente de la defensa de D. Cláudio Fontanellas, si no le basta una, el procesado y su representante piden que el Tribunal le conceda cien autorizaciones; y desde el momento en que las partes se hallan de acuerdo, el debate es inútil.

Hecha esta protesta por nuestra parte, y conformes en que sea complacido el Marqués de Villamediana, expondré una consideracion que hace muy al caso. Toda vez que la autorizacion no ha debido formar parte de la sentencia, pedimos que sea concedida, no confirmando la sentencia en este punto, sino revocándola en su totalidad, sin perjuicio de acceder á los deseos del Marqués.

Concluido el análisis de la sentencia, creo innecesario aducir mas razones para poner de manifiesto los vicios de nulidad de que adolece esta causa, y demostrar hasta qué punto proceden alternativamente, ó la declaracion de nulidad ó la absolucion del procesado. Paso, con harto sentimiento, á ocuparme de la acusacion fiscal.

Yo tambien, Excmo. Sr., ejerzo las nobles funciones del Ministerio Público; pero en este momento solo me acuerdo de que soy abogado defensor de un inocente, y me es forzoso reprimir el sentimiento natural que me domina, al ocuparme de cómo el Sr. Fiscal ha informado en este negocio. El Ministerio Público, espejo clarísimo de la verdad y de la ley, donde los hechos deben reflejar como son, nunca mas y nunca menos ¡ contribuir con omisiones é inexactitudes á que los hechos se confundan y se aprecien de una manera errónea! Debo hacer aquí un cargo al Fiscal de S. M.; y es, no haber escrito una acusacion, sino un alegato contra D. Cláudio Fontanellas.

Prescindo ya del misterio que tanto importa esclarecer, antes de entrar en el exámen de este negocio. Cree el Sr. Fiscal que las autoridades de Barcelona debieron practicar diligencias en averiguacion del paradero de D. Cláudio, y dice que es de suponer de su celo que tales diligencias se hayan practicado. Aquí no se niega por nadie el celo y actividad de las autoridades de Barcelona; lo que sí decimos, que no se dió parte á la autoridad; que no se la suministraron datos para que pudiera desplegar ese celo; y sobre todo, qué no valen supuestos contra lo que todas las autoridades de Barcelona certifican.

· El Sr. Fiscal pasa por alto este punto esencialisimo, sin el que nada se comprende. Cree que la prepotencia militar ha sido causa de que las diligencias instruidas no consten hoy de un modo cierto. Mas, el padre que de tal modo pierde un hijo, da parte á un comisario de policía, á cualquiera autoridad, y esa autoridad da parte al Juez; y el Juez está obligado á tomar declaracion á todas las personas que hayan tenido noticia del suceso. Si las diligencias se hubieran practicado, existiria hoy algun vestigio; pero nada se ha hecho, y las autoridades fueron celosas; luego, quien no fué celosa, fué la familia Fontanellas; y y no necesitamos mas que el testimonio palmario de su negligencia, para creer que conocia perfectamente la trama del secuestro (1).

Al hacer el exámen de este proceso, el Ministerio Fiscal tuvo por conveniente seguir un sistema, el mas á propósito para pasar desapercibidos los abusos del Juez. Divide los testigos en grupos ó pelotones: peloton núm. 1.°, que declara tal cosa; peloton núm. 2.°, que declara tal otra; y reserva para la tercera division un conjunto de cosas varias, como hechos, dichos, papeles y noticias sobre la indagatoria. Con este modo de informar, se prescinde de las circunstancias particulares de cada testigo, del tiempo y forma en que declaró, y de los indicios que pueden hacerle sospechoso; y ciertamente que no es así como se examina un causa de tanta gravedad, sino revisando diligencia por diligencia y declaracion por declaracion; oyendo á cada testigo de por sí; analizando las razones que le mueven á declarar y confrontando unos datos con otros. Pero el Sr. Fiscal está por los grupos, si bien empieza por contar á su modo la historia de este suceso, y entonces habla de no sé qué cambio de opinion efectuado en Barcelona, respecto á la identidad de D. Cláudio Fontanellas.

(1) Téngase entendido que al decir, como se ha dicho tantas veces, que *por entonces* no se practicaron diligencias, con ese *por entonces* se comprende nada menos que un periodo de siete años: desde Setiembre de 1845 hasta Diciembre de 1852, en que se tomó la primera declaracion.

«La duda y la zozobra, dice, constantes enemigos del sosiego, turbaron la tranquilidad bien pronto, y suspicaces é investigadores descorrieron el velo que la efusion del sentimiento y la sorpresa habian impedido penetrar.» ¿Dónde están, Sr. Fiscal, los suspicaces é investigadores que descorrieron el velo? Aquí no ha habido mas duda que la de D. Lamberto Fontanellas. El fué quien suscitó las demás, y él, por medio de su cajero, preparó la emboscada del *Nuevo Vulcano*. No se diga, pues, que las dudas cundieron por la poblacion, como para justificar el cambio de D. Lamberto; porque este hecho no está en el proceso, y aquí no podemos salir de la verdad probada.

CONCLUSION.

(Dia 15 de Diciembre.)

Excmo. Sr. :

El último dia de vista me ocupé de la primera parte de la acusacion fiscal; y al hacerme cargo del órden y sistema que el Ministerio Público ha creido mas conveniente para hacer el análisis de este proceso, decia : que distribuir en grupos los testigos, prescindiendo absolutamente de cualquiera circunstancia que pudiera contribuir á dar mas ó menos credito á sus declaraciones, era en mi concepto un sistéma ocasionado á grandes errores y muy á propósito para pasar desapercibidos los vicios que pueden afectar á un procedimiento de esta clase. Me lamentaba al mismo tiempo de que, siendo la primera y mas sagrada obligacion del Ministerio Público atenerse con extremado rigor á lo que resulta de las actuaciones, la acusacion fiscal de que voy á ocuparme, adolezca de tantas inexactitudes, que por sí sola bastaria para extraviar el ánimo del Tribunal mas justo y alucinar á cualquiera que no haya hecho de esta causa un profundo y detenido exámen.

La primera inexactitud que encuentro en esta acusacion, es suponer que á los pocos dias de haber llegado D. Cláudio Fontanellas, por sus contestaciones, por el carácter sospechoso de sus actos, varió enteramente la opinion respecto á la identidad de su persona. Y en verdad, que si era necesario justificar el orígen de esta causa, podia haberse hecho hasta donde lo permite la verdad probada y sin salir de las actuaciones; pero eso de suponer que D. Cláudio, acogido unánimemente por hermano legítimo del Marqués, se fué haciendo sospechoso para la generalidad, dando motivo al Juez de Palacio para instruir las primeras actuaciones, eso es contrario á lo que de autos resulta. Aquí, Excelentísimo Sr., no ha habido mas dudas que las de D. Lamberto, ni mas personas recelosas que los testigos presentados por él mismo. ¿Qué crédito merecen tales dudas y tales testigos? Esto es lo que debe examinar el Tribunal; pero es enteramente gratuito suponer que se principió el sumario, porque habia cambiado la opinion respecto á don Cláudio, cuando en realidad, si cambió la opinion, fué en vista de que se daba principio al sumario. «La duda y la zozobra, dice el Ministerio »Fiscal, constantes enemigos del sosiego, turbaron la tranquilidad bien »pronto, y *suspicaces é investigadores* descorrieron el velo que la efu- »sion del sentimiento y la sorpresa habian impedido penetrar; y de re- »pente cambiaron las opiniones.» ¿Cuáles fueron los suspicaces? ¿Cuáles los investigadores? Rodés, Coll y Romeu dirigidos por Subirana, cajero de D. Lamberto. Esta es la verdad. Que D. Cláudio Fontanellas «fué mirado como un farsante advenedizo y encarcelado mas tarde como un miserable.» Barcelona no sospechó de D. Cláudio, hasta que tuvo noticia de su prision; porque á la conciencia de un pueblo noble y honrado, se resiste creer que un procedimiento de esta clase no tenga fundamento alguno. Por consiguiente, el cambio de la opinion no fué motivado, ni por los actos, ni por los dichos de D. Cláudio Fontanellas; y es inútil que se arguya, descargando sobre toda Barcelona la responsabilidad de un engaño que solo procede de la casa Fontanellas y de sus leales servidores.

Sigue la clasificacion en grupos. Para hacerla, el Ministerio Fiscal «prescindirá del órden cronológico.» Mucho, al parecer, estorba la cronología; y se comprende que sea así. Prescindiendo del órden cronológico, no se sabe que cuando D. Cláudio Fontanellas aparece ignorando el apellido de su madre, hacia veinticuatro horas que habia declarado los nombres de sus padres y de sus hermanos. Y si bien en esta declaracion no está consignado el apellido de su madre ¿es creible que no se le haya preguntado por él? Prescindiendo del órden seguido en las actuaciones, todo se ocurrirá menos que la parte esencial de este proceso fué elaborada en secreto, lejos de la luz y del mundo, en una casa particular, en altas horas de la nóche y con testigos convocados *ad hoc* por el mismo D. Lamberto Fontanellas.

Forman el primer grupo, dice el Ministerio Fiscal, «las declaraciones de los testigos que niegan que el procesado sea D. Cláudio Fontanellas;» y pasando é clasificarlos, presenta á D. Lamberto al frente del primer grupo. ¿Y cuándo ha dicho D. Lamberto que el procesado no es hermano suyo? Le reconoció por hermano, y aun no ha tenido valor para retractarse. Si despues le ocurrieron dudas, eso es muy distinto: el que duda, no niega; y por lo mismo que se le ocurren dudas, hay todavía en su alma el gérmen de una afirmacion, que tal vez no brota por culpa de sus consejeros. Por lo demás, seis veces ha declarado D. Lamberto en este sumario, y otras tantas se ratificó en la primera declaracion, donde dijo de la manera mas terminante: este es mi hermano, este el heredero universal de todos mis bienes.

Sigue despues de D. Lamberto, entre los que niegan que el procesado sea D. Cláudio, el dependiente Martí. ¿Dónde está la declaracion en que el dependiente Martí niega que el procesado es don Cláudio Fontanellas? Martí le reconoció, fundándose «en el conocimiento que de él tenia antes de su desaparicion, en haber el testigo sido reconocido por dicho D. Cláudio á primera vista, y en lo que actualmente observa en su fisonomía.» Palabras textuales de Martí. Y cuando da principio el sumario ¿qué hace Martí? Se ratifica en esta declaracion y añade que Rodés le ha dicho, que el procesado no es don Cláudio Fontanellas, sino Cláudio Feliu. ¿Es esto negar la personalidad de D. Cláudio Fontanellas?

Es verdad que Martí trató como de desvirtuar su primera declaracion, diciendo que por la impresion del momento, y al oirse llamar por su nombre, creyó estar en presencia de D. Cláudio Fontanellas. Martí podrá retractarse cuantas veces quiera; pero tales retractaciones no son permitidas; y sobre todo es intolerable oir al Ministerio Fiscal que Martí explicó el reconocimiento, y que «sus explicaciones destruyen toda la importancia que pudiera darse á su primera declaracion;» porque haber conocido varios dias á un hombre, por relaciones anteriores y por su fisonomía, eso no tiene explicacion ninguna que autorice al testigo para decir: «me he equivocado.»

Siguen los testigos que negaron á D. Cláudio; y al frente de ellos, despues de D. Lamberto y Martí, coloca el Ministerio Fiscal á su hermana doña Eulalia y á D. Antonio de Lara. Efectivamente, la negativa de estos señores no puede ser mas absoluta ni mas terminante. Están bien colocados en el primer grupo. Pero ¡cuál es el asombro de todo el que ha estudiado este negocio y ve identificados con los Marqueses de Villamediana á los testigos cuyos nombres va á oir el Tribunal! Prosigue la acusacion. «*Lo propio* hizo D. Juan Freixer, comerciante de esta ciudad; amigo antiguo de la casa Fontanellas, que trató con mucha intimidad y confianza á D. Cláudio.» Es decir, que trató con mucha intimidad á D. Cláudio y no ha conocido al procesado. Pues á su llegada le reconoció; esto lo confiesa el mismo Freixer y se lo calla el Sr. Fiscal. «Ni reconoce al procesado, ni le tiene por D. Cláudio Fontanellas.» Es verdad; pero ¿cuándo? Despues de haberle reconocido.

El Ministerio Fiscal tampoco dice que D. Salvador Aromir reconoció á D. Cláudio Fontanellas y anduvo con él por Barcelona, y que no le negó hasta que le vió en la cárcel. Me parece que esto no es dar idea del sumario. ¡Callarse lo que descubre la falsedad de los testigos, y no decir mas que lo que compromete á mi defendido! Que lo hiciera un Abogado, seria disculpable; pero no se comprende que lo haga jamás el Ministerio Público.

«En vano fué apelar al testimonio del director del colegio en donde se educara por algun tiempo el desaparecido del año 1845.» Aquí el Sr. Figueras aparece puramente como testigo negativo, sin el menor indicio de que sea dudosa su declaracion. Y ¿cuál es la importancia que debe darse á la negativa de Figueras? Este maestro, ¿no queda confundido con todas las noticias que el procesado le dió del colegio?

«Doña Bernarda Prim, viuda de un antiguo dependiente de la casa, niega que sea el preso que se la presenta.» Tambien parece que doña Bernarda Prim no vaciló jamás en su opinion, cuando ella misma confiesa que lloró y medio se desvaneció en presencia del que tuvo por D. Cláudio Fontanellas. Si despues la convino retractarse, conste que se retracta, y no se diga á secas que niega.

«Las condiciones personales de los testigos, continúa el Sr. Fiscal, y la razon en que fundan su testimonio, son las mejores garantías de la fé que merecen.....»

¡Las condiciones personales de los testigos!.... Me habia lamentado el último dia de que, seguida esta causa de oficio, el Juez no hubiese hecho cuanto estaba de su parte, para averiguar los antecedentes de cada testigo, á fin de saber la importancia que debia darse á las declaraciones. Ya que se ha cometido aquella omision, en hora buena que se suponga la buena fé de los testigos, mientras no se pruebe la mala; mas no solo hacer ésto, sino recomendar sus condiciones personales, cuando entre ellos, por ejemplo, hay uno que ocupó un calabozo en la cárcel pública de Barcelona por delito de estafa ¡esto es insoportable, Excmo. Sr.; esto es horrible!

Concluyendo con este grupo, dice el Ministerio Fiscal: «Las repreguntas en el término de prueba han sido el crisol depurador de su efectiva certeza, añadiendo detalles y pormenores que garantizan su evidencia.» ¡Es decir, que estos testigos del sumario corroboran en el término de prueba lo que en un principio declararon! Sobre esto podria extenderme demasiado; mas voy tan solo á llamar la atencion de la Sala hácia un testigo; para que el Tribunal vea hasta que punto está exacto en sus deduciones el Ministerio Fiscal.

Freixer aparece en el sumario negando terminantemente á D. Cláudio Fontanellas. Llamado á ratificarse, dijo: «Que vió al procesado dos ó tres veces antes de prestar su (primera) declaracion..... y que aunque á primera vista no le pareció reconocer en el procesado á D. Cláudio Fontanellas, como D. Lamberto se lo presentó como su hermano, no creyó poder decir que no lo era; pues tal podia haber sido la variacion.»

¡Aunque le pareció que no le conocia, como se lo presentó D. Lamberto, creyó ver en D. Cláudio á su antiguo amigo, y le acompañó á paseo, segun consta en otro lugar; y naturalmente habló con él de tiempos pasados, y persistió en creer que hablaba con su amigo de la niñez, y apostó cuatrocientos duros contra doscientos, segun D. José Martinez, á que el recien-venido era D. Cláudio Fontanellas; y ¡todo esto, dice el Sr. Fiscal, confirma la negacion del sumario! Pues, ó es falso el fundamento de haber sido amigo tan íntimo de D. Cláudio, ó por la sola presentacion, no le hubiera reconocido. Lo que ha hecho, fué conocer á D. Cláudio en casa de su hermano y negarle en un calabozo. Véase ahora con cuanta verdad exclama el Ministerio Público: «Y cosa extraña y casi providencial, *ni un solo testigo del sumario ha tan siquiera dudado un solo instante.*»

De esta manera se fueron ratificando las declaraciones del sumario, y como dice el Sr. Fiscal, «añadiendo detalles y pormenores que garantizan su evidencia.» Sentado este principio, ya puede decir el Ministerio Público con toda la galanura de estilo que ha dedicado á este trabajo:

«El grito del cariño fraternal, la dulce y afectuosa voz de la amistad y el reconocido sentir del agradecimiento desconocen al hermano, al amigo y al principal, y arrojan al rostro del procesado el cargo de impostura; porque superchería insigne es pretender un nombre que otro ha llevado.»

Quien no haya estudiado este proceso ¿qué mas tiene que saber?

El hermano, el compañero y el protegido niegan á D. Cláudio Fontanellas y arrojan al rostro del procesado el cargo de impostor; pero el hecho fué todo lo contrario. El grito del cariño fraternal empezó por reconocer al procesado; la gratitud y la amistad le reconocieron tambien, y hubo hasta sincopes de alegría. Luego, el vil interés ú otras razones han hecho que se le negara; pero conste que la amistad y el agradecimiento de los antiguos servidores de la casa, fueron los primeros en reconocer y saludar á D. Cláudio Fontanellas.

Pasa el Ministerio Fiscal al segundo grupo. En este lleva tan adelante su celo contra D. Cláudio Fontanellas, y aquella lógica condescendiente que no me cansaré de lamentar, que al encontrarse con un hecho que D. Lamberto niega, porque le conviene, el Ministerio Fiscal le cubre con un velo. Así, por ejemplo, la embloscada del nuevo *Vulcano* fué obra de D. Lamberto, que, para hacerla, se valió de su cajero. Este es un hecho incuestionable: lo confiesan Rodés y Coll, que estuvieron agazapados detrás de los cristales. Se pregunta á D. Lamberto, y dice: yo no sé si mi hermano paseó por allí; creo haber oido que algun dia paseó por la fábrica, y huye de declarar que fué él mismo quien le acompañó, cuando Coll y Rodés lo aseguran. Es decir, que D. Lamberto Fontanellas se avergüenza de haber tomado parte en aquella embloscada. Pero..... ¡no faltaba mas! El Sr. Fiscal lo cuenta del modo siguiente: «Si despues de esto Rodés habla del caso con Romeu y Coll, y *procuró, de acuerdo con otras personas, que viesen al procesado el dia que fué á visitar la fundicion....*»

¿Quiénes fueron esas personas? ¿Por qué no se dice que fueron don Lamberto y su cajero? ¡Ah, Señor! Cuando se trata de sacrificar á un hombre, omisiones de esta clase no tienen disculpa. ¡Qué Rodes lo procuró, de acuerdo con otras personas! Y Rodés mismo dice que lo ha hecho «á excitacion de Subirana, y de acuerdo y conformidad con D. Lamberto Fontanellas.» Pero ¿qué extraño que incurra el Ministerio Fiscal en tantas inexactitudes, si por lo visto no ha hecho de este negocio el estudio que reclama su gravedad y su importancia? Siento decirlo; pero en cada una de las páginas de la acusacion hay un testimonio que lo acredita.

«Desde la confitería de Coll, se dice, pasó Feliu á los talleres del *Nuevo Vulcano*.» ¡Si no estuvo jamás en el *Nuevo Vulcano*! Donde estuvo, fué en la fundicion de Domenech. Y continúa, «segun los informes del Director D. José Sabat, que se refiere á los libros de la fundicion.» ¡Si estos libros son los de la fábrica Domenech, de donde don José Sabat es Director! Se dirá: esto es cuestion de nombre ó de detalle. No; el confitero Coll apareció completamente perjuro: dijo que Feliu habia salido de su taller para la fábrica de fundicion del *Nuevo Vulcano*, y resulta por declaracion de Sabat, que, donde estuvo, fué en la de Domenech, precisamente en la época en que Coll le suponia en su taller. Por consiguiente, la equivocacion es mas que de detalle; puesto que encubre la falsedad de un testigo.

Repito que el sistema especial de dividir en grupos las declaraciones, no puede ser mas deplorable, tratándose de un negocio de esta clase, en el que, como sucede generalmente en asuntos criminales, un solo detalle suele denunciar la falsedad que entraña el procedimiento. Así, por ejemplo, al ocuparse de la familia Feliu, dice el Ministerio Fiscal: «Tambien los individuos de la familia Feliu *han visto* y reconocido *con dolor* al procesado, *atormentados por la amargura* de verse negados y desconocidos por el que les debe el ser.» En primer lugar, que han visto al procesado. ¿Cómo le han visto? De tal manera, Excelentísimo Señor, que mañana la familia Feliu puede decir: nos hemos equivocado, y no podrá castigárseles por perjuros. Nosotros, añadirán, hemos creido en el momento que efectivamente era aquel nuestro hijo, por la idea que se habia generalizado en el público de que el procesado era hijo nuestro; pero no le hemos oido hablar, no hemos tenido con él ninguna conversacion, no le hemos visto bien, y nos hemos equivocado, por culpa del Juez que autorizó un careo de esta clase. Y ¿qué se les contesta?

«Atormentados por la amargura de verse negados y reconocidos....» ¡Infelices! No está demás que lo diga el Fiscal de S. M.; porque si él no nos hablara del dolor y la amargura que experimentó la familia Feliu, seguramente que nadie lo sospecharia. ¿Dónde están ese dolor y esa amargura? Están consignados á manera de formulario en las declaraciones de los consortes Feliu; porque ambos dicen que reconocen al procesado por hijo suyo, «con la mayor amargura de su corazon.» Si esto es demostrar los tormentos que debian martirizar á esta familia en aquellos dias, ciertamente que el Ministerio Fiscal exagera un poco. «Los padres, dice solemnemente el Ministerio Fiscal, nunca se equivocan en el reconocimiento de sus hijos.» Es verdad, vuelvo á decirlo, excepto cuando no son padres. Los padres nunca se equivocan en la filiacion de sus hijos, excepto cuando quieren equivocarse.

«La sangre y el cariño, continúa el Sr. Fiscal, hablan mas alto que todos los intereses.» ¡Hay valor para decir que la sangre y el cariño paternal hicieron á la familia Feliu venir á declarar, provista de un documento que colocaba á su hijo camino del presidio! ¡Sangre y cariño en quienes van al Juzgado y dicen: «el procesado es hijo nuestro,» aun antes de verle! Decididamente que en esta cuestion hasta vamos á dudar de lo que es el santo amor de los padres.

Pero cuando llega á lo sumo el Ministerio Fiscal, es al ocuparse del concierto que guardan las declaraciones varias de la familia Feliu: «En vano, dice, se pretende destruir el poderoso efecto de estos testimonios, señalando soñados errores y *contradicciones ficticias* en algunas rectificaciones que contienen, *explicando los hechos y añadiendo mayor claridad y certeza* á los concretos, y queriendo variarlos con suposiciones odiosas y repugnantes.»

No quiero molestar á la Sala por mas tiempo acerca de un punto ya tan esclarecido; pero al oir calificar de soñados los errores y de ficticias las contradicciones en que incurrió la familia Feliu, no puedo menos de hacer un paralelo entre la primera y la segunda declaracion del supuesto padre.

Primera declaracion de Joaquin Feliu. Que su hijo se embarcó para Buenos Aires en una polacra cuyo capitan se llamaba Sala, con pasaporte, conocimiento y aprobacion del testigo; pues tiempo hacia que Cláudio deseaba embarcarse, para ver de probar fortuna.

Segunda declaracion. Joaquin Feliu estaba en la inteligencia y conviccion de que su hijo Cláudio se habia embarcado para Buenos Aires en la polacra capitan Sala, y con su propio consentimiento, porque así se lo habia hecho entender la familia; pero, como posteriormente á su referida declaracion le han dicho que el Cláudio marchó por sí y ante sí, sin saber cómo ni á dónde, desea el testigo que los hechos consten tales como ocurrieron.

O acabamos por dudar del sentido comun, ó esto es hacer burla de la sagrada fé del juramento. —No sé si llevó pasaporte. —Marchó con pasaporte. —Salió con mi consentimiento. —No le he dado tal consentimiento. —Se embarcó para Buenos Aires. —No sé para dónde se embarcó. Hé aquí los supuestos errores y las contradicciones ficticias. ¡Ah! cuando se sabe cuál ha sido el móvil secreto de esta retractacion, el por qué Joaquin Feliu retrocedió espantado, no hay paciencia, señor, para sufrir que el Ministerio Público presente á toda esta familia exenta de contradicciones.

Continúa el Ministerio Fiscal: «Pero abandonando razones y discursos y suponiendo, sin concederlo, que todos los testigos examinados han faltado á la verdad; suposicion absurda que sube el rubor al santo rostro de la conciencia.....» ¡Con que veinte testigos no pueden faltar á la verdad, y pueden faltar á ella cincuenta y ocho! ¡Con qué solo á la idea de veinte testigos falsos, sube el rubor al santo rostro de la conciencia, y no se extremece el Ministerio Fiscal, ni el rostro de su conciencia se ruboriza ante cincuenta y ocho perjuros! ¡Con que los confiteros, los que han estado presos por delitos de estafa, los dependientes de la casa del Marqués, una familia pobre, y cuando menos, sin ocupacion honrosa, todos estos no pueden faltar á la verdad; y pueden faltar á ella tanto hombre de bien y personas de lo mas distinguido de Barcelona!

Ocupándose en seguida el Ministerio Fiscal de la declaracion de Gerardo Rodés, dice. «Que esa declaracion está reconocida por el procesado......» Cuando se denuncian tales informalidades, que solo pueden proceder ó de mala fé ó de notoria incapacidad, no está bien que se nos ponga en el caso de decirlo todo; pues quien lo ha de decir, es V. E., encargado de vigilar por la recta administracion de justicia en el territorio de su jurisdiccion. Por consiguiente, yo no haré calificacion alguna; pero extraño ver acusar sin otro fundamento que las declaraciones de D. Cláudio Fontanellas.

Se supone que en el año 1852, Gerardo Rodés vino á Barcelona y ¡siempre lo mismo! ¡siempre y nada mas que porque lo dice Gerardo Rodés! Tan consecuente es el Ministerio Fiscal con este sistema, que al solo supuesto de que Rodés pueda equivocarse, lo llama excesiva largueza.

Hace en seguida el Ministerio Público al procesado un cargo que no tiene fundamento álguno de verdad; porque nada habla tan alto en favor de mi defendido, como la circunstancia de que este hombre que, á ser Feliu, careceria de la educacion y talento indispensables para tan difícil empresa, ha estado ocho dias en la casa de D. Lamberto Fontanellas, y no hay un solo testigo que manifieste haber notado un solo error en sus contestaciones. Aquí no hay mas que doña Bernarda Prim que se queja de que D. Cláudio no quiso contestar, acaso á álgunas impertinencias, y D. Luis Sala que vagamente habla de inexactitudes. De manera que contra el grande escollo de todos los farsantes, no se ha estrellado D. Cláudio Fontanellas. Pues bien; á pesar de esto, que es el resultado notorio de todas las actuaciones, dice el Ministerio Fis-

7

cal, que mi defendido «no ha recordado gran número de personas adolescentes y que formaban el círculo de su intimidad.» ¿Cuáles fueron
esas personas adolescentes? ¿Dónde están? Que se nos digan sus
nombres. No hay mas olvido que el apellido de la madre, y sobre este
punto ya he dicho lo bastante; pero es bien particular que haya olvidado el apellido de su madre quien necesariamente ha debido satisfacer á todas las preguntas de su hermano D. Lamberto; pues tanto
era lo que temia D. Lamberto entrar en contestaciones, que no le denuncia por ignorante ó contradictorio en pormenores de la familia, sino
que acude al pretexto ridículo de que no le habló de los muertos, ni le
preguntó por intereses. Luego la ignorancia ó desconocimiento de un
gran número de personas que formaban el círculo de su intimidad, es
un supuesto enteramente gratuito. Sigue una descripcion de la familia
Feliu; y el Ministerio Fiscal la pinta anegada en lágrimas de dolor que
no han manchado ninguna de las páginas de este proceso; porque aquí
no hay mas lágrimas de dolor que las de mi defendido. Así concluye el
Fiscal el análisis del sumario, y ante la prueba del plenario, desfallece
toda su elocuencia.

No se atreve á decir: toda esa multitud de testigos son reos de falso
testimonio; y no hay término medio, ó aceptarlos ó rechazarlos á todos.
Pero, siempre, Excmo. Sr., siempre un cristal de aumento para los
cargos que resultan contra mi defendido, y otro de disminucion para los
datos que le son favorables. ¿A qué queda reducido en la acusacion
todo el plenario? El Tribunal lo va á oir. «¡Pero cosa extraña! la prueba
general aducida por la defensa estriba en el dicho de ALGUNOS TES-
TIGOS REBUSCADOS.....»

¡Algunos testigos rebuscados! Esto no necesita comentario. Así de-
signa el Sr. Fiscal á los cincuenta y ocho testigos de la prueba; y en
esto se funda para decir que D. Cláudio ha delinquido, palabras textuales, «con tal escasez en los medios y torpeza tan crasa en la forma,
comparable solamente á la audacia y al cinismo que se ha desplegado.»

El tercer grupo, Excmo. Sr., es un conjunto de cosas heterogeneas
que el Ministerio Fiscal examina y considera bajo un solo punto de vista. «Forman ese último lugar, dice, las deducciones lógicas que nacen
del exámen imparcial de los dichos actos y escritos del procesado y de
ciertas condiciones y circunstancias características personalísimas que
arrancan puramente de la individualidad.....»

Es decir, que en ese tercer grupo, como en mesa revuelta, andan los documentos de D. Cláudio Fontanellas, sus declaraciones, sus contradicciones, las diligencias que se practicaron en busca del Tomás de la Barceloneta y del buque *Conchita:* en suma, todo lo que anda suelto en el sumario; y lo primero que llama la atencion del Ministerio Fiscal, es la carta que D. Cláudio Fontanellas dirigió á su hermano desde el paquete *Puerto-Rico.* Sin duda que D. Lamberto ha visto en esa carta de D. Cláudio una señal gráfica de su carácter, cuando no hizo el reparo que hace el Sr. Fiscal. D. Lamberto debió decir, este es mi hermano; verdad es que para fijar la época del secuestro, escribe 1848 por 1845; pero cualquier farsante hubiera precisado bien la fecha, y mi hermano suele no acordarse de lo que hizo ayer, ó no pararse en años mas ó menos: por consiguiente, sobre el carácter de la letra, se ve aquí el carácter de la persona, y todo dice que esta carta es de mi hermano.

Pero el Sr. Fiscal discurre precisamente á la inversa, y el principal cargo que hace á esta carta, es el estar mal redactada, y el carecer «de «ese algo espiritual, entrañable, que siente el alma en ciertas ocasiones.» D. Cláudio Fontanellas, porque redacte mal una carta, no dejará de ser D. Cláudio Fontanellas. Dedicado exclusivamente al ejercicio de las armas, nada tiene de extraño que redacte mal; porque es sabido que estudió todo lo menos que pudo, antes de abandonar á Barcelona. Que falta en dicha carta «ese algo espiritual que siente el alma en ciertas ocasiones.» Esta tacha es por cierto de bien poca importancia, por no decir contra-producentem. Si D. Cláudio Fontanellas fuese un farsante, la carta de presentacion seria á no dudarlo, un modelo de ternura; porque los farsantes suelen poseer admirablemente el estilo epistolar. Si D. Cláudio Fontanellas fuese un impostor, hubiera redactado esta carta con el mayor esmero, ó se hubiera valido de una persona competente. ¿Qué farsante es ese que coge un papel y escribe cualquier cosa, para decir aquí estoy? Es el mismo D. Cláudio Fontanellas que escribiendo á su hermano, acaba maquinalmente con tres ESES, y no repara en ello; porque sabe que cualquier duda que ofrezca esta carta, la desvanecerá él con su presencia..

Está inexacto el Ministerio Público en la exposicion de los hechos. ¿Qué tiene de extraño que lo esté igualmente en las apreciaciones generales del proceso? Así por ejemplo, dice que D. Cláudio Fontanellas «se ve delante de sus maestros, de sus amigos, de los fieles servidores de su familia que le desconocen y ni él los recuerda..... ni los reconoce siquiera, ni los llama por sus nombres.....» Esto es gratuito; entera-

mente gratuito. ¿Qué maestros, qué amigos, qué servidores de su casa
ha desconocido D. Cláudio Fontanellas? ¿Cuáles son? Que se nos citen
sus nombres. ¿No hay mas que ensartar párrafos y párrafos de acusacion, sin fundarlos en ningun dato? ¡Así se extravia la opinion del Tribunal mas recto! ¡Así se preocupa á las personas que no tienen ocasion
de ver lo que hay de cierto en un negocio tan enredado!

Pero, lo gratuito del supuesto llega á su colmo, cuando una de las
faltas mas graves de este proceso, uno de los cargos mas terribles
que resultan contra el Juez, se interpreta como una falta del procesado. Afirma el Sr. Fiscal, que mi defendido, oigamos sus palabras,
«permanece frio é indiferente en tales situaciones que conmoverian á
una estátua de Miguel Angel y agitarian las figuras de un cuadro de
Rafael..... que no pronuncia un nombre, ni recuerda un suceso, no
llama en su auxilio las afecciones y permanece mudo y en silencio.»

¡Es decir, que porque el procesado no dió mas señal de vida que la
que el Juez ha tenido por conveniente consignar en el proceso, se le
acusa de haber estado convertido en una especie de mueble, durante las
actuaciones del sumario! Es decir que, habiéndose celebrado careos
mudos, con expresa prohibicion de hablar, se acusa á mi defendido por
no haber hablado, cuando en la soledad de la cárcel, de nada le servia
poner el grito en el cielo!

¡Ah! Excmo. Sr., no hay sufrimiento para resistir que á tales recursos apele el Ministerio Fiscal! Tan injusto, por no decir tan ridículo,
es esto, como si ahora se hiciera un cargo á mi defendido, porque está
mudo y silencioso en esta Sala, donde no puede pronunciar una sola
palabra sin permiso de V. E. Esta fué su situacion en el sumario. No
dice nada, porque nada se le pregunta. Cuando se le hubiera preguntado si conocia á alguno de sus maestros, amigos ó servidores de su
casa, y él hubiera contestado que no, entonces estaria en su lugar el
cárgo que se le hace. Pero si nada de eso le han preguntado mientras
estuvo en la incomunicacion ¡hay valor para decir que no supo contestar una palabra! Repito que esto equivale á decir ahora: ¿No ve
V. E. qué calladito está? ¿Cómo no da antecedentes? ¿Cómo es que no
contesta?

Pero añade el Sr. Fiscal, «y, cosa extraña, cuando se le amplía
su declaracion sin estar incomunicado, principian las citas, y segun se
desprende de algunas actuaciones de prueba, en los tiempos posterio-
res recuerda nombres y sucesos.....» Cabal; porque se le habia quitado
la mordaza. Sentado ese precedente ¡ay mil veces del procesado, que

no le valdrá, no, su inocencia! Encerrados en un calabozo, será inútil que citemos á parientes, amigos y servidores; porque nadie nos preguntará por ellos, y sobre todo, no se consignarán las citas para acusar despues de culpable nuestro silencio; y cuando se nos ponga en comunicacion y respiremos el ambiente de la publicidad, nada de cuanto digamos, merecerá crédito. Pero si ha dicho el Sr. Fiscal que dos ó tres testigos bastan para mandar á un hombre al patíbulo, ¿en qué ley se funda para no darse por satisfecho con cincuenta y ocho?

Nueva inexactitud. Dice el Sr. Fiscal que el procesado «en su indagatoria fijó en *veinticinco años* su edad;» siendo así que la fijó en en *treinta y cinco.*

Quizás se me dirá que esto no es mas que un error de pluma. ¡Buena cosa es, que aquí nadie se equivoca sino contra mi defendido! Yo no supongo nunca mala fé; denunció los hechos, y lo demás lo declarará en su dia el Tribunal competente; pero afirmo y sostengo que el Ministerio Fiscal no ha examinado este negocio con el detenimiento que debia. Amen de tantas equivocaciones como llevo enumeradas, se dice, por ejemplo, que D. Cláudio reconoció por suyas las tres cartas procedentes del secuestro, y en las primeras páginas del proceso aparecen esas mismas cartas; la primera escrita y firmada por D. Cláudio, la segunda con sola su firma, y la tercera escrita y firmada por persona que dice ser «el Jefe principal encargado.» D. Cláudio, pues, no ha podido reconocer esta última que, al parecer, procede del Jefe de los malhechores, y por eso declara que no sabe quién la escribió.

Sobre el contenido de estas cartas no he creido necesario detenerme á refutar argumentos que, en mi juicio, no merecen contestacion. El Sr. Fiscal pregunta: ¿por qué una de esas cartas lleva la fecha del 27 de Diciembre de 1845, habiendo ocurrido el secuestro el 27 de Setiembre del mismo año? D. Cláudio Fontanellas no puede responder de lo que le obligaron á escribir los secuestradores: si alguna de esas cartas no guarda relacion con la fecha del secuestro, pregúntese á los que la dictaron. ¡Es triste cosa que mi defendido tambien ha de dar razon del por qué y para qué los malhechores le hicieron extender una carta con fecha adelantada! (1)

---

(1) En el mero hecho de reconocer por suyas las cartas del secuestro, D. Cláudio Fontanellas demostró que procedia de la mejor buena fé. ¿Quién, sino, le obligaba á reconocer documentos que le ponian en tan grave compromiso? Como la autenticidad de esas cartas solo podia constar por declaracion del

Se ocupa en seguida el Sr. Fiscal de los reconocimientos facultativos; y ¡cuál no fué mi asombro al leer en su acusacion estas mismas palabras! «Los profesores presentados por la defensa en el término de prueba confirmaron el juicio de los forenses.» ¿Para qué molestar á V. E. leyendo nuevamente el dictámen de unos y otros? Los dos primeros facultativos dicen, que D. Cláudio no se habia roto la tibia y el peroné; que tiene una cicatriz en el dedo medio de la mano derecha, «al parecer producida por un cuerpo cortante,» y que representa de veinticuatro á veintiseis años. En el segundo reconocimiento se afirma, que no juega bien el pié derecho; que hay entumecimiento en la articulacion y además una herida; no se dice que la cicatriz proceda de haberse estropeado el dedo; y uno de los médicos calcula que el procesado tendrá de treinta á treinta y cuatro años. ¿Es esto confirmar y ratificar lo que dijeron los primeros facultativos? Pues el Sr. Fiscal ha dicho «que los profesores presentados por la defensa confirmaron el juicio de los forenses.»

Añade el Sr. Fiscal, ocupándose de las señas personales, que «responden cuantas indicaciones se hacen en él (procesado) referentes á Cláudio Feliu.» Esta suposicion es completamente infundada. Cláudio

cautivo ó de los secuestradores, toda su importancia dependia de que D. Cláudio las reconociera ó no. D. Cláudio las reconoce sin vacilar; responde expontáneamente de su contenido; se somete al cotejo de su propia letra con la letra de las cartas, y esto lo hace de buena voluntad y sin razon alguna que le obligue á ello; luego D. Cláudio Fontanellas procede de buena fé; y es necesaria muchísima preocupacion para no creerlo así.

Pero ¿cómo se explica el reconocimiento de las cartas á renglon seguido de la historia en que asegura: «le obligaron á que firmase un papel reducido á de-»cir á su señor padre que el declarante estaba preso, y que si queria librarle la »vida entregase mil onzas?» Si el declarante hubiera dicho, que *no escribió ni firmó mas que un solo papel*, habria contradiccion; pero si confiesa que *le obligaron á que firmase un papel pidiendo mil onzas*, y *además* reconoce dos cartas en las que no se determina esa cantidad, quiere decir que *además* del papel, hubo cartas; y prueba de ello, que en una de esas cartas se alude á otra carta ó papel y á una cantidad que se fijó por separado. Y si el secuestro no duró mas que una noche y esta fué la de 27 de Setiembre ¿cómo es que una de las cartas lleva la fecha del 27 de Diciembre?

En primer lugar, si el Juez hubiera sabido ó querido cumplir con su deber, estos reparos que ahora se hacen, estarian hechos en el sumario, y el procesado hubiera dado oportunas explicaciones. Mas el dia 17 de Mayo se le toma

Feliu, segun sus mismos padres, tiene un lunar en la espalda; D. Cláudio Fontanellas no tiene en la espalda ese lunar; Cláudio Feliu no
se fracturó ni dislocó jamás una pierna; el procesado tiene entorpecida
la articulacion del pié derecho, de resultas de un accidente de esta clase; Cláudio Feliu, si hemos de creer esta noticia extemporánea, con-
serva la cicatriz de una quemadura; el procesado no tiene ninguna quemadura de que den razon los facultativos.

Hay otras muchas inexactitudes, no solo en este, sino en los demás
escritos del Ministerio Fiscal; pero bastan las indicadas para comprender en qué consiste esa imparcialidad que tanto se pregona en la acusacion. ¡Cuán fácil es por este medio concluir afirmando, que el procesado

declaracion entre la risa y la algazara de los primeros momentos; persuadido
de que todo aquello no era mas que para cubrir el expediente, dice la verdad:
pero la dice de cualquier modo. Restituido al seno de su familia, no se detiene
á difamarla explicando por qué creyó que el secuestro era obra de su padre; la
honra de aquella familia habia vuelto á ser su propia honra, y á nada conducia
dar detalles tan sensibles como innecesarios para consignar la verdad. De aquí
resulta oscuridad; no contradiccion. El Juez no pide al procesado que explique
lo que parece oscuro; «te he cogido,» dice para sus adentros, se calla y sigue
adelante. Y cuando el procesado se encuentra con los cargos y quiere dar explicaciones, ya es tarde, se contesta como siempre, no hay absurdo que no se
defienda, ni mentira que no se explique. ¿Es esto administrar justicia?

Todas las partes de este negocio guardan una perfecta unidad. Negligencia
de la familia Fontanellas por espacio de siete años; luego conocimiento de esa
familia en la trama del secuestro; y si la familia no era ajena al secuestro,
ella sabrá por qué y para qué se obligó á D. Cláudio á firmar un papel, y á
escribir una carta, y á firmar otra carta; todo en la misma noche y con distintas fechas. Lo que D. Cláudio puede decir, es, que esas cartas son suyas,
y que precisamente por habérsele obligado á escribirlas de ese modo y á autorizar con su firma tanta fábula como en ellas se cuenta, vió en todo aquello
una farsa, y en cada una de las cartas un documento de resguardo que alguien necesitaba para poder decir, como se decia con la carta de 27 de Diciembre en la mano, y cuando D. Cláudio estaba ya en Buenos Aires: «ese tunante
sigue por ahí escondido, para sacar una cantidad que él mismo no vale.»

Si alguien pregunta dónde está consignado esto, contestaré con las palabras del 4.º otrosi del escrito de mejora de apelacion, en el que se pedia una
prueba que fué denegada. «Algunos de los testigos, dice, han manifestado
*que en sus declaraciones no están expresadas todas las circunstancias que
ellos dijeron.*»

es culpable de un delito «que descubre en su perpetracion *una torpeza grosera en criminal consorcio con la mayor de las audacias!»*.

Terminada la acusacion, se amplió en segunda instancia la prueba con un nuevo reconocimiento caligráfico, de que hice mencion antes de ahora, y con el reconocimiento facultivo del cirujano D. Bernardo Turell, que fué quien curó la dislocacion de D. Cláudio.

Hacia mucho tiempo que el procesado clamaba porque viniera á reconocerle el mismo cirujano que le habia asistido cuando padeció la dislocacion. ¡Tan seguro estaba D. Cláudio de que este testigo declararia en favor de la verdad! Hubo sus dificultades: á última hora permitió V. E. que prestara declaracion el cirujano Turell y, contra todas las esperanzas y todas las seguridades anteriores, el testigo resulta negativo; se pone en contradiccion con los facultativos Armendariz, Oriol y Ferrer, y hasta con los Marqueses de Fontanellas y de Villamediana.

Los tres médicos afirman que hay entumecimiento en la articulacion del pié; el cirujano de Sarriá no encuentra nada parecido. Los médicos hallan una cicatriz en la misma articulacion; el cirujano dice, que allí no hay mas que un rasguño; y por cierto que ha debido ser hecho por uña de leopardo. Sea como fuere, entre los tres facultativos que afirman y el cirujano que niega, la eleccion no es dudosa. Pero se dirá que este cirujano fué el mismo que curó á D. Cláudio, y que nadie tiene tanto motivo como él para saber lo que declara. Ciertamente; mas tambien debia de saber que el accidente sufrido por D. Cláudio fué dislocacion, como está probado hasta la evidencia y reconocido por sus hermanos; y á pesar de eso, Turell declara que fué fractura y que hubo esquirlas y hasta gangrena de la carne. ¿Qué extraño es que acabe por desconocer al procesado? ¡Otro testigo negativo, y último esfuerzo que se ha hecho para coronar dignamente la obra del sumario!

No quiero, Excmo. Sr., porque la materia es inagotable, seguir abusando de la benevolencia con que se me escucha hace tanto tiempo. Creo haber demostrado la nulidad del proceso, el resultado contra-producentem del sumario y la prueba decisiva del plenario. Para concluir, solo me ocuparé de un argumento que, por decirlo así, está á la órden del dia.

Se ha dado en decir ahora: no estamos ciertos de que el procesado es Cláudio Feliu; esos llamados padres se han hecho inverosímiles, y los primeros testigos del sumario fueron empujados por una fuerza poderosa. Por otra parte, hay que admitir el supuesto de que el procesado era todo un caballero oficial en Buenos Aires, apenas habia salido de Barcelona; y aunque el Juzgado admite ese supuesto, mucho se resiste creer que el aprendiz de confitero hubiera llegado de improviso á un puesto tan importante en la milicia. Además, no se puede ocultar á nadie que Cláudio Feliú, al presentarse como D. Cláudio Fontanellas ante el público de Barcelona, seria el escándalo de los escándalos y la risa de todos los ociosos. Por consiguiente, el procesado no puede ser Cláudio Feliu; pero, al mismo tiempo, este hombre no puede tener cuarenta años; representa mucha menos edad; y es imposible que sea D. Cláudio Fontanellas.

¡Ah! Excmo. Sr., cuando empezamos por suponer que todo el sumario es falso, hemos de convenir en que, tan enorme falsedad, debe de tener algun motivo. Cuando se recurre á grandes falsedades, para algo será. ¿Por qué, si no, el esfuerzo que se ha hecho y el compromiso que se ha arrostrado, para probar que mi defendido es Cláudio Feliu? ¿Por qué la casa Fontanellas ha sido la iniciadora de tan grande esfuerzo y de tan grave compromiso? Porque se trataba de una persona que sobraba en casa de D. Lamberto, y este huesped importuno solo podia ser D. Cláudio Fontanellas.

Inmediatamente que vacila la opinion de que el procesado es Cláudio Feliu, inmediatamente se apodera del ánimo una conviccion irresistible de que es D. Cláudio Fontanellas, sin que valga decir que representa menos edad; porque la historia nos enseña que se han cometido grandes errores sobre este punto, y que es preciso estar muy prevenidos contra las apariencias (1). Hé aquí ahora otro de los rasgos mas característicos de D. Cláudio Fontanellas: procura hoy mismo dar á su semblante un aspecto juvenil y se divierte en encubrir la edad, sobre lo

_____

(1) Si el procesado no es Cláudio Feliu ¿quién podrá ser? Increible parece la duda. Si el procesado no es Feliu, todo el sumario es una gran mentira, imposible de imaginar sin la complicidad del Juez, del Promotor y del Escribano. ¿Es esto lógico? Y entonces ¿prensa engañada, citas á media noche, justicia á oscuras, careos que se reducen á reconocer, como si se tratara de un cadáver, y reconocimientos que se reducen á mirar por una rejilla, como si se tratara de una fiera, escamoteo de papeles, una familia improvisada, un enjambre de perjuros, y todo para quitar á un individuo el nombre que lleva? Pues, no hay duda, ese nombre le pertenece.

Considérese la cuestion bajo todos los aspectos imaginables, y siempre se vendrá á la misma consecuencia.

que su defensor tiene con él un altercado cotidiano. Si fuera un farsante, ¿no haria precisamente lo contrario?

Voy á concluir. Procede notoriamente la absolucion libre de mi defendido ó la declaracion de nulidad de todo el proceso. Por nuestra parte, no tenemos grande empeño en que sea uno ú otro el resultado de este juicio; pero en lo que sí no podemos menos de insistir (y si yo viera aquí representados para la cuestion principal á los Marqueses de Villamediana y Casa-Fontanellas, les suplicaria que apoyaran nuestra pretension) es en que, si aun queda duda sobre la identidad de mi defendido, se le deje en completa libertad, para que pueda hacer valer sus derechos. No se diga jamás que á este hombre se le condena por ser Cláudio Feliu, y no se le permite demostrar quién es. Los Marqueses de Villamediana y Casa-Fontanellas no pueden menos de desear como caballeros, que se deje en libertad al procesado, siquiera para que nadie diga que necesitan ponerle una mordaza; y, si posible fuera, yo me quedaria en rehenes, á trueque de que pudiera gestionar por sí mismo; que no es mi defendido una fiera, para que su excarcelacion vaya á comprometer el órden público. Pero no; sé muy bien que los Marqueses ni lo pedirán, ni lo consentirán: ellos que han pedido la prision, porque sin duda la necesitaban, ya se guardarán de contribuir á que se abran para mi defendido las puertas de la cárcel (1).

Ultimamente, Excmo. Sr., no sé yo si por fortuna ó por desgracia, he venido á tomar parte en un negocio de esta índole; siempre lo consideraré como un grande honor. La historia á que se refiere este proceso, los medios empleados contra mi defendido, todo es tan contrario á mi carácter y á mis hábitos, que yo he suplicado repetidas veces no se diera á la cuestion cierto giro funesto. Mis súplicas han sido completamente ineficaces.

(1) A pesar de todas las pruebas que acreditan la identidad de su persona,.D. Cláudio Fontanellas no tiene prisa porque se le declare su verdadero nombre. Que se le ponga en libertad, bajo cualquier concepto, y él demostrará quién es. En la cárcel, podrá á lo sumo defenderse; pero exigir que preso y además pobre, litigue una cuantiosa herencia con enemigos millonarios y contra multitud de personas comprometidas hasta el crímen, eso es de lo que no se ha visto en España. Y por cierto que debia bastar la cuantiosa herencia que hay por medio, para dar una prueba suprema de imparcialidad, poniéndole en la calle.

Yo esperaba que despues de una ámplia discusion, alguien se humillara ante la verdad, reconociendo los males que habrán de sobrevenir; pero mi confianza en una solucion conciliadora, se ha desvanecido por completo.

Antes que termine este debate, D. Cláudio Fontanellas acudirá á V. E. con una respetuosa solicitud, acompañada de algunos documentos que yo siento mucho llegar á ver sobre la mesa del Tribunal; mas no he podido evitarlo; no he podido evitar la calamidad que tan de cerca amenaza. Me he cansado de demostrar que el sumario es falso. ¡Ay si esos documentos acreditan la falsedad del sumario!

Tan lejos de mi país y al concluir de hablar á un Tribunal que me ha escuchado con tanta indulgencia, debo aprovechar esta ocasion para expresarle mi gratitud y rectificar al mismo tiempo ciertas palabras que pudieran prestarse á una mala interpretacion, especialmente entre personas para quienes soy desconocido.

Al ocuparme de la situacion respectiva de D. Cláudio Fontanellas y de los personajes interesados en este *pleito criminal*, he dicho ó he querido decir, que por desgracia de mi defendido, no parecia sino que el Ministerio Fiscal se proponia dejarle indefenso y desamparado. No quiera Dios que nadie interprete estas palabras de un modo desfavorable; porque estoy muy lejos de suponer que ninguno de mis dignos compañeros carezca de la indepencencia necesaria para defender á don Cláudio Fontanellas. He querido hacer un cargo, no á este ilustre Colegio, sino al Ministerio Fiscal, que sobre las inexactitudes que ha cometido y con las que ha dado tan mala idea de este negocio, al ocuparse de mi digno antecesor, dijo, «*el impostor Feliu y su digno patrono*», afirmando que este *sostenia y patrocinaba una impostura indigna*, empleando *groserías y ridiculeces*; y valiéndose de *insinuaciones malévolas y hasta pérfidas*.

Al ver que tales vituperios lanzaba el Ministerio Fiscal, en cuya boca solo deben sonar palabras dignas, he dicho, Excmo. Sr., que cualquier Letrado que no haya tenido ocasion de conocer la verdad, naturalmente debia quedar retraido, pensando que el representante de la ley, para expresarse de ese modo, debia de estar cargado de razon y de justicia; y por consiguiente, que era fácil suponer en este proceso algo que deshonra y que mancha á cuantos le tocan. Hé aquí porque me explico perfectamente que en medio de tantos Letrados dignísimos, no le haya sido posible á D. Cláudio Fontanellas encontrar uno que se encargara de patrocinarle; porque á juzgar de la causa por las noticias que daba el Ministerio Fiscal, cierto que no tenia nada de atractivo la defensa, cuando se suponia que solo por defender á don Cláudio Fontanellas, se patrocinaba una impostura indigna. Estas palabras las ha proferido el Sr. Fiscal. ¿Dice que nó? Tal vez quiera alegar como disculpa, que no las ha consignado en esta causa; que ha ido á estamparlas en otra donde no podia esperar contestacion; y si es esto lo que me quiere decir, por cierto que la disculpa le favorece bien poco.—He dicho.

Rectificaciones al discurso que pronunció el Abogado del Marqués de Villamediana..

Sr. Caso. Ya suponia yo que la representacion del Marqués de Villamediana no se concretaria á pedir autorizacion para querellarse de injuria y calumnia, y que no dejaria de entrometerse en la cuestion principal; mas yo me ocuparé únicamente de la parte que afecta al procesado y á su defensor. Si los Marqueses de Casa-Fontanellas y Villamediana llevan á mal que D. Cláudio se presente ante este público que al pasar le saluda, sentimos mucho darles este disgusto y causarles tal contratiempo; mas prueba evidente de que el procesado no es un farsante, que no oculta el rostro, y que entre tantas personas, no hay quien se atreva á decirle, tú eres Cláudio Feliu.

Se me hace un cargo por haber recurrido á la prensa; y no sé hasta qué punto era este el lugar á propósito. Yo aquí defiendo como Abogado; fuera de aquí, por lo que toca á mis escritos, me defenderé como escritor. Por lo demás, al Marqués de Villamediana que me demande pronto; porque si no lo hace, le demandaré yo á él.

[El Sr. Presidente mandó al defensor, que concluyera con lo que habia dicho en la Sala como Abogado, porque no podia permitir otra cosa.]

Sr. Caso. Muy bien, Excmo. Sr. Concretándome á la cuestion, debo manifestar, que respecto á las injurias y calumnias que se suponen cometidas en la defensa de primera instancia., nosotros no entramos en tratos con el Marqués de Villamediana. Unimos nuestros votos á los suyos, para que V. E. le conceda, no una, sino cien autorizaciones. Respecto á las apreciaciones de mi informe, que han podido parecer calumniosas, no modifico una sola letra; y pido á V. E. que el Secretario de Cámara tome acta de ellas, reservándome el derecho de ver si las encuentro exactas; y una vez que las halle completamente exactas, me ratificaré de nuevo.

———

Rectificaciones al informe del Fiscal de S. M.

[El Sr. Presidente rogó al Letrado se limitase á rectificar los hechos; añadiendo que la Sala estimaria tambien que acerca de las palabras de que se habia ocupado el Abogado defensor del Marqués de Villamediana, pudiera dar alguna explicacion, á fin de que quedara terminado este incidente.]

Sr. Caso. Procuraré, en cuanto sea compatible con la verdad y con los deberes de la defensa, acceder á la benévola excitacion del Sr. Presidente.

Al tener por primera vez el honor de dirigir á V. E. la palabra, senté como principio, que no consentiria ninguna inexactitud en los hechos, y que me conformaba con que tampoco á mí se me consintiera ninguna. Semejante protesta da una importancia desmedida al período de la rectificacion; porque si bien generalmente se abusa, no es el abuso lo que yo trato de conseguir, al reclamar la atencion de la Sala; sino la verdadera rectificacion de algun hecho esencial para la defensa.

Ante todo, debo dar las mas expresivas gracias al Ministerio Fiscal por el favor que me ha dispensado y por las benévolas calificaciones con que me ha confundido, por lo mismo que mi escaso valer se halla tan lejos de merecerlas. Le doy tambien infinitas gracias por haber reconocido la lealtad y buena fé de la defensa, en lo que, yo se lo juro, no hace sino rendir un tributo á la verdad. Ojalá que siempre hubiera hecho lo mismo; pero al fin, vale mas tarde que nunca. Y como en punto á cortesía nunca quisiera quedarme corto, yo reconozco la buena fé y el talento del Sr. Fiscal; pero al reproducir las declaraciones de los testigos, ha dicho que la defensa estuvo enteramente exacta; y sobre este punto, me es muy sensible no poder expresarme en los mismos términos con referencia al Ministerio Público; porque ha cometido inexactitudes en la acusacion escrita, y ha vuelto á cometerlas en la acusacion oral. Antes de citarlas, permítaseme protestar contra el prurito de llamarme defensor de Cláudio Feliu. Si defiendo á Fontanellas ó á Feliu, ya lo dirá V. E. Hasta ahora, como una sentencia consultada no es mas que un proyecto de sentencia, solo tenemos un Cláudio Feliu en proyecto; y mientras este proyecto no sea una realidad, creo que es manifestar una impaciencia peligrosa, empeñarse en llamar á este hombre Cláudio Feliu; sobre todo cuando está en posesion de otro apellido.

Se ha dicho que se trataba de preparar la opinion pública por medio de la prensa. Respecto á este punto, que yo no esperaba ver tratado aquí, solo contestaré, que lo primero que se ha impreso, fué la acusacion fiscal de primera instancia; y tengo á la vista un extracto con grandes elogios de la segunda acusacion, inserto en *El Telégrafo.*

de Barcelona. Deploro tanta publicidad; pero quien llevó esta cuestion á la prensa periódica, lo digo con harto sentimiento, fué el Ministerio Fiscal.

Tambien se há dicho que, confundiendo la detentacion con la posesion.....

[El Sr. Presidente advirtió que este era punto de derecho, mandando al Letrado se limitase á rectificar.]

Sr. Caso. Me abstendré de tocar la cuestion de derecho. Iba solo al hecho de si he confundido la detentacion con la posesion. He dicho que la buena fé se supone mientras no se pruebe la mala, y que llamar detentacion á la posesion en que estaba D. Cláudio Fontanellas, equivale á dar por supuesta la mala fé, ó á suponer lo mismo que ahora se debate.

En este sumario se han suprimido las citaciones; porque es práctica, segun se dice. Creo que no se han suprimido, ni porque séa práctica, ni porque deje de serlo; y en prueba de ello, que en el plenario están citados todos los testigos.

Hecho inexacto: que precedió una declaracion á cada careo, cuando el testigo no habia visto antes al procesado. Parece que se quiso determinar aquí la razon que hubo para que los careos se practicaran, con ó sin declaracion prévia, suponiendo que los testigos que habian visto al procesado, ya no necesitaban prestar esa declaracion y viceversa. Ruego á la Sala que se digne examinarlo, y verá como no se ha tenido presente esta regla; porque hay testigos que no habian visto al procesado, como Ramon y Celestino Feliu, y no prestaron esa declaracion prévia; y otros que sin embargo de haberle visto, como Rodés, Coll y Romeu, la prestaron; lo que prueba que no hubo regla ni criterio alguno para esto.

Segun el Sr. Fiscal, la defensa censuró que se tardara mas ó menos tiempo en coser á los autos los documentos que trajo consigo el procesado; y lo que ha censurado la defensa, no fué la tardanza en coser los papeles, sino la manera de hacer el depósito. Que los papeles estuvieran cosidos ó anduvieran sueltos por los bolsillos del Escribano, eso nada importaria, si el depósito se hubiera hecho con la correspondiente diligencia de reseña; porque así, de cualquiera enmienda posterior, solo el Escribano sería responsable.

Tambien se ha dicho que la defensa censuró el auto de prision, porque estaba motivado. No es esto. Que estuviera motivado ó no, lo cierto es que en este auto se calificó el delito, ó mas bien, se prejuzgó que el procesado era Cláudio Feliu, sin audiencia del Ministerio Fiscal; y es extraño que el representante de la ley renuncie esta atribucion, y no exija que se oiga su dictámen antes de dar un paso tan grave.

Se ha dicho por el Ministerio Fiscal, que no consta mas que por la declaracion de Leopoldo Rossi la enfermedad del procesado; que los facultativos no le hallaron enfermo, y que la indisposicion solo era una especie de catarro. No era catarro, sino fiebre catarral; y de esta fiebre al envenenamiento de cierta clase, no hay mucha diferencia de síntomas. Respecto á los facultativos, antes que hablar de memoria, prefiero consignarlo todo con el texto mismo de las diligencias.

«Repreguntados los facultativos á solicitud del mismo defensor, »para que digan que supuesto reconocieron al procesado estando en- »fermo en cama, qué tiempo emplearon en el reconocimiento y qué »datos fisiológicos tuvieron en consideracion,» etc. Dijeron, despues de dar algunos pormenores, «que en efecto, considerada la pregunta de »una manera absoluta respecto á si son ó no iguales los datos que la »ciencia suministra en el estado de salud que en el de enfermedad, »dicen que no; pero refiriéndose al individuo de que se trata, el es- »tado en que lo vieron en nada podia alterar *los datos que se bus- »caban.*»

Es decir; que el procesado padecia una enfermedad que en nada alteraba los datos fisiológicos que se buscaban, ó que se buscaban datos fisiológicos que no podia alterar la enfermedad; pero esto mismo es conceder que el procesado estaba enfermo, sea cualquiera el embrollo de redaccion á que se haya acudido para no contestar categóricamente á la pregunta.

Añade el Sr. Fiscal, que los consortes Feliu fueron al Juzgado para salir de la duda y zozobra en que se hallaban. Repito por tercera vez que esto no es cierto; que Joaquin Feliu vino al Juzgado á declarar que el preso era hijo suyo, entregó la fé de bautismo y volvió á casa tranquilo y satisfecho, sin tener la curiosidad de ver á su hijo. Pasaron cinco dias, y entonces fué á verle en la cárcel; porque el Juez se lo mandó. Otro tanto hizo Joaquina Fontanills.

Que la defensa no denuncia mas informalidades en el período de la prueba, que la omision cometida al extender la declaracion de la nodriza. Pues que ¿no pertenecen á la prueba las ratificaciones? ¿Y qué sucedió al pedir que viniera á ratificarse la familia Feliu? Que no se llevó á efecto personalmente, á pretexto de que toda esa familia se hallaba enferma de gravedad, ni se permitió que el Abogado presenciara la ratificacion para hacer repreguntas. Si esto es legal ó no, la Audiencia lo ha de decir; pero conste que la defensa lo denuncia como un grande abuso, entre mil otros que no se cansará en repetir.

Ha consignado el Ministerio Fiscal como un dato positivo, que Gerardo Rodés tiene veinticinco años. Ruego á la Sala tome en consideracion que esta circunstancia, como todo lo que dice Rodés, no consta sino porque él la dice.

Entrando en un terreno que creí vedado al hacer la defensa, tratando de las pruebas de Ultramar, se dijo, que las diligencias practicadas en España respecto á la ronda Tarrés, al calafate Tomás y al buque *Conchita*, revelaban de antemano la inutilidad é improcedencia de la prueba ultramarina; y advierto que no he entrado en esta clase de consideraciones, por respeto á las que la Sala habrá tenido por bastantes para rechazar esa prueba. Como punto ejecutoriado, creí que no era del momento; mas ahora debo rectificar los hechos en que se funda esa opinion del Ministerio Fiscal.

En primer lugar, no es cierto que se hayan encontrado datos ni antecedentes del bergantin-goleta. Aquí se supone que ese buque fué bautizado un año despues de haber desaparecido D. Cláudio, y repito que no es cierto. Prueba de ello, que el Ministerio Fiscal en su dictámen escrito tiene consignado lo siguiente: «y hasta esa goleta *Conchita* pertenece á lo desconocido, como si se tratára de los tiempos del mito y no de una época donde los datos estadísticos forman un ramo importantísimo de la administracion.» Pues si el buque *Conchita* pertenece á los tiempos del mito, ¿cómo sale ahora el Ministerio Fiscal con que ha parecido ese buque, y que siendo su nombre posterior á la fecha en que desapareció D. Cláudio, prueba esto la falsedad de la indagatoria? «En 1846, dice, se dió el nombre de *Jóven Conchita* á un buque que antes se llamaba *General Almirante*; lo cual viene á demostrar que no pudo ser éste buque el que trasportó al procesado á Buenos Aires.» Aquí, Excmo. Sr., no hay mas que un juego de palabras; el procesado dice que se embarcó en el *bergantin-goleta Conchita* ó *Jóven Conchita*, que se perdió despues en la costa de Africa, y los datos reunidos se refieren á la *polacra Jóven Conchita*. ¿Qué quiere decir esto? Que se confunden dos embarcaciones distintas, que estaban bautizadas con un nombre

8

idéntico ó parecido; lo cual es muy frecuente en puertos como el de Barcelona. De paso diré además, que esta prueba, como la que se refiere al calafate y á la ronda Tarrés, no dió el resultado que era de esperar; porque fué oportunamente limitada.

El defensor de D. Cláudio Fontanellas no podia venir prevenido para anticipar una contestacion á ciertos datos de ciencia propia, suministrados por el Sr. Fiscal. No voy á poner en duda su veracidad; séame lícito no obstante pedir á la Sala se abstenga de dar asenso á nada que no esté en los autos; y ya que el Sr. Fiscal ha pretendido rebajar la importancia de alguna declaracion, hablando por su cuenta del carácter del declarante, diré á mi vez, que uno de los testigos de cargo, D. Gabriel Romeu, es loco.

Se ha dicho que D. Cláudio Fontanellas no negó la falta de no haber preguntado por los muertos de su familia. La negó cuando podia negarla, cuando tuvo noticia de este cargo: la negó en el escrito de defensa; porque antes, ni sabia de tal cosa, ni podia consignar en el sumario mas de lo que el Juez tenia por conveniente.

Todavía se insiste, sin duda por la importancia que tiene su declaracion, en presentar á Martí como testigo incierto y dudoso. No volveré á leer una vez mas esa declaracion; V. E. la verá y encontrará en ella, que Martí reconoció á D. Cláudio «fundado en »el conocimiento que de él tenia antes de su desaparicion, en ha-»ber el testigo sido reconocido por dicho D. Cláudio á primera vis-»ta, y en lo que actualmente observa en su fisonomía.» En virtud de cuyos datos, dice el testigo «que en efecto lo reconoce por tal.» Si despues Martí ha tenido razones para modificar esta declaracion, conste la variante; pero que no se trate de presentarle como testigo dudoso.

Se dijo tambien, y la defensa de D. Cláudio Fontanellas no ha podido menos de oirlo con sentimiento, que ni D. José Figueras reconoció al procesado, ni este á D. José Figueras. Repito que no quiero molestar á la Sala con la lectura de diligencias que ya conoce. Eso de que D. Cláudio no haya conocido á su maestro Figueras, no es cierto. Pues, si no se le ha hecho la pregunta de si le conocia ¿cómo habia de contestar? Así es que, ni pregunta, ni contestacion hay en la diligencia del careo, que fué mudo como todos los demás, y del que solo se ha escrito que Figueras vió al procesado y no le conoció por D. Cláudio Fontanellas. Se ha dicho igualmente que mi defendido no conoció á su amigo de la niñez, D. Eduardo Gibert. Repito lo mismo que del maestro Figueras: si al procesado no se le ha hecho la pregunta de si conocia á Gibert, ¿de dónde saca el Sr. Fiscal que ha dado una contestacion negativa?

¡Que Rodés y Romeu no se han contradicho en nada! Rodés declara al principio del sumario, que preguntó á Romeu por el paradero de Cláudio y que Romeu le contó la peregrina historia del viaje á América. Interrogado Romeu, dice textual y literalmente, «que no le preguntó Rodés cosa alguna de lo que comprende la pregunta.»

Sienta el Sr. Fiscal, ocupándose de los diplomas traidos por el procesado, que el mismo procesado reconoce que no ha traido mas que un diploma. Lo que D. Cláudio declaró el dia 27 de Mayo, fué, que los documentos por que se le preguntaba, no los tenia sobre sí: pero que debian estar á bordo. ¿Por qué no se ha dado órden inmediata para recogerlos? D. Cláudio no podia decir lo que supone el Ministerio Fiscal, porque se pondria en contradiccion consigo mismo, y muy especialmente, con D. Lamberto y Martí; los cuales declararon que D. Cláudio trajo «varios diplomas como militar al servicio de la República Argentina.»

No por via de argumentacion, sino para precisar un hecho, conste que D. Cláudio Fontanellas salió de Barcelona y estuvo constantemente en la República Argentina, donde no se envejece tan pronto como supone el Ministerio Fiscal; porque aquel es uno de los climas mejores de la tierra.

No he negado que haya antecedentes históricos del delito de usurpacion de estado civil; lo que sí niego, es, que farsas de este género se hayan sostenido tanto tiempo, como el procesado habria sostenido la suya, á ser un impostor. Por lo demás, una vez que este delito se halla previsto y penado en los códigos de todas las naciones, prueba que ha existido y puede existir, aunque no con la facilidad que se pretende.

Que al clasificar los testigos en la sentencia, se habia seguido por regla el carácter mas ó menos afirmativo de sus declaraciones. Niego el supuesto; y me fundo, no ya en la declaracion de D. Juan Bautista Perera, sino en la de Juan Prunera, el cual declaró textualmente así: «Que *reconoce, sin género alguno de duda*, al procesado que tiene á la vista, por D. Cláudio Fontanellas;» declaracion que no puede ser, ni mas terminante, ni mas afirmativa; y sin embargo, el testigo Prunera ni siquiera está comprendido entre los dudosos.

Voy á concluir, y por el paso que llevo, comprenderá la Sala que no intento abusar de su benevolencia. El Ministerio Fiscal pide que se tachen palabras y párrafos enteros del escrito de mejora de apelacion, suscrito por mi digno compañero el Licenciado Nieva.

Yo no sé hasta qué punto, hallándose pendiente una causa contra mi antecesor, por aseveraciones idénticas á las de ese escrito, procede declarar que tales aseveraciones son impropias é indignas de un Letrado. Entiendo que no se debe establecer un precedente desfavorable al Licenciado Nieva, cuando pudieran todavía resultar ciertos los hechos y merecidas las calificaciones por que se le persigue. Eso lo declarará el Tribunal correspondiente; pero mientras no esté fallada una causa criminal, hay la posibilidad de que al procesado se le reconozca exento de toda culpa. Pido, pues, que se respete la litis-pendencia.

No quisiera equivocarme; pero he creido comprender que el Ministerio Fiscal, no solo ha censurado lo que S. S. dió en llamar calificaciones, siendo así que, al entrar en esta Sala, he hecho el propósito de no emplear ningun calificativo, sino que ha creido hallarme inconveniente, hasta en la manera de expresarme ante V. E. Si no es así, no he dicho nada; mas al principiar mi discurso, rogué al Tribunal se sirviera tomar en cuenta la multitud de circunstancias difíciles que me rodeaban; y la Sala comprenderá que la gravedad misma del asunto exalta de tal modo, que involuntariamente se puede salir del tono que corresponde á lugar tan respetable. Desde luego, que yo tan solo recibiria esta censura del digno Presidente de la Sala, que tiene la prerogativa de dirigir el debate; mas, puesto que el Sr. Fiscal me significa que me he equivocado, lo celebro muchísimo.

La representacion del Marqués de Villamediana ha creido encontrar injurias y calumnias en los tres discursos que he pronunciado los primeros dias de la vista. He dicho antes de ahora, que ni siquiera conozco al Marqués de Villamediana, ni al de Casa-Fontanellas; por consiguiente, mal podria tener el menor ánimo de injuriarles. En cuanto á los hechos, he tratado de ajustarme estrictamente al proceso; y en este punto no puedo condescender, mientras no se me pruebe

que he sido inexacto. En cuanto á las palabras, con tal que se sustitu-
yan con otras que expresen los mismos hechos, estoy siempre dispuesto á retirar cualquiera calificacion que, á juicio de la Sala, pueda
parecer depresiva. Quiero decir, Excmo. Sr., que reconozco que jamás hay razon para la injuria; y si la Sala crèe que he proferido
alguna frase inconveniente*, desde luego la retiro; pero si se me dice
que tal ó cual apreciacion es injuriosa, porque el hecho es falso, lo
siento por personas distinguidas á quienes respeto, como respeto siempre la honra ajena; pero no me es posible acceder á su demanda. Por
lo demás, creo que adelantándome el primero á retirar cuanto pueda
parecer injuria, doy una prueba manifiesta de que no procedo con
encono.

Otro punto, Excmo. Sr., y concluyo. El procesado tiene que decir
dos palabras, y trae para elevar á manos de V. E. una solicitud do-
cumentada de que ya hice mencion antes de ahora. Creo que nada se
compromete con la lectura de esa solicitud; y si la Sala lo considera
prudente, estimaré se sirva permitir que el procesado la lea.==
He dicho.

[Prévio el correspondiente permiso, D. Cláudio Fontanellas dió las
gracias al Tribunal por la latitud que habia concedido al debate, y á
su patrono por el celo con que le habia defendido; manifestó lo mucho
que habia lastimado su alma ver que aparece ignorando el apellido de
su madre cuando mas se acordaba de ella, y aseguró que este cargo
es completamente inexacto. Tratando luego de leer unos documentos,
el Sr. Presidente le dijo, que consultara con su defensor y sabria el
tiempo y modo en que podian presentarse; puesto que en la defensa
oral solo podia admitirse lo que se dijera de palabra; y en este momento dijo el

Sr. Caso. ¿Puedo hablar? Considero de absoluta necesidad
que V. E., antes de fallar, tenga á la vista la solicitud y documentos
que trae el procesado.

[El Sr. Presidente manifestó que la Sala, para determinar si podia
ó no admitir la solicitud, necesitaba deliberar, y que en todo caso sabia
que debia recibirla por conducto de los defensores; con lo que se dió
por terminado el debate.]

SENTENCIA DE VISTA

DE

31 DE DICIEMBRE DE 1862.

En la causa que ante nos ha pendido en Sala segunda de esta Audiencia territorial sobre secuestro y presunto homicidio de D. Cláudio Fontanellas y Sala , continuada contra el que se titula D. Cláudio Fontanellas por el delito de usurpacion de estado civil de aquel, ¡1¡ en consulta y apelacion de la sentencia proferida por el Juez de primera instancia del distrito de Palacio de esta ciudad , en 28 de Diciembre del año próximo pasado, por la que se dice: «Declaro que el sugeto encartado en la presente causa no es D. Cláudio Fontanellas, cual se ha titulado, y sí Cláudio Feliu y Fontanills, á quien condeno, como reo de delito de usurpacion del estado civil de dicho Fontanellas, á doce años de presidio mayor, con inhabilitacion absoluta perpetua para cargos públicos, y sujecion á la vigilancia de la autoridad por igual tiempo, que empezará á contarse desde el cumplimiento de la expresada condena principal; al reintegro de 175 duros á D. Lamberto Fontanellas, por igual

(1) La sentencia de primera instancia va encabezada de este modo:
«En la causa criminal seguida en este Juzgado sobre desaparicion de don Cláudio Fontanellas de la casa paterna y usurpacion de estado civil, en la que se halla encausado como reo del expresado delito de usurpacion el sujeto que, con el antedicho nombre de D. Cláudio Fontanellas, se presentó en esta ciudad el dia 15 de Mayo del presente año.» Como se ve, aquí no hay nada del *presunto homicidio*.

suma que este entregó á D. Feliciano Roig, Capitan del bergantin-paquete *Puerto-Rico*, los 150 como importe del pasaje de dicho procesado desde Rosario de Santa Fe á esta ciudad, y los 25 restantes por préstamo que durante el viaje hizo dicho Roig al propio procesado, y al pago de costas y gastos del juicio. Mando que, como reos de falso testimonio, se proceda á lo que haya lugar, en pieza separada, contra Leopoldo Rossi, Ramon Vidal, Pedro Quintana, Juan Vallescá, José Calvet, Agustin Enrich, doña Isabel Labrós, doña Magdalena Vidal, doña Fernanda Ruiz, Rosa Poch, D. Francisco Villarasau, Antonia Cosi, Polonia Camet, Tomás Targarona, Pablo Mitjans, Miguel Lladó, D. José Patxot, D. Juan Oliver y D. Paulino Blanco. (2) Concedo á D. Antonio de Lara la licencia que para deducir accion de injuria y calumnia, por las que contra él pueda contener el escrito de defensa del procesado, su fecha del 2 de Julio de este año, tiene solicitado en los suyos de 21 y 26 de Agosto. Declaro así bien subsistente el auto de sobreseimiento que dictó este Juzgado en 29 de Marzo de 1853, y confirmó S. E. la Sala segunda de la Audiencia del territorio con otro de 16 de Abril del mismo año, por lo referente á desaparicion de D. Cláudio Fontanellas, y caso necesario sobreseo de nuevo acerca de dicho particular, con la misma cualidad de por ahora y sin perjuicio.»

Resultando que en Setiembre del año de 1845 desapareció de casa de sus padres D. Cláudio Fontanellas y Sala, hijo de D. Francisco y de doña Eulalia, sin que sobre este hecho se instruyeran entonces diligencias: Que en la causa pendiente en el Juzgado de *San Beltran* contra D. Ramon Serra y Monclús y otros, sobre falsificacion de moneda, uno de los procesados declaró, en 11 de Octubre de 1852, haberle manifestado otro preso que sabia donde estaba enterrado el hijo de Fontanellas, á quien habian muerto en las inmediaciones de Sans, y que en este delito se hallaba complicado Tarrés, que fué cabo de la ronda de Vigilancia, y que evacuadas estas y otras citas, no dieron resultado (3). Que con tal antecedente comenzó, sin embargo, diligencias el Juez de primera instancia del distrito de Palacio, en 7 de Diciembre del citado

(2) Muestra de los testigos que por no ser bastante afirmativos, no están entre los sospechosos de perjurio.

Juan Prunera (fólio 668) preguntado por el capítulo 4.º, dijo: «que *reconoce sin género alguno de duda* al procesado que tiene á la vista por don Cláudio Fontanellas.....»

(3) A esto se reduce la *única* indicacion que hay en autos, respecto al presunto homicidio de D. Cláudio.

año de 1852, sobre la desaparicion y presunto homicidio del D. Cláudio Fontanellas, en las cuales vino á consignarse; segun D. Lambérto Fontanellas, hermano del D. Cláudio, que este salió de casa habia como cuatro años despues de haber comido, y no se le vió mas: segun el abogado D. Manuel Torres, que la desaparicion ocurrió en Setiembre de 1845, y segun doña Eulalia Fontanellas, en el dia 19 del expresado mes de Setiembre de 1845; que, segun estos dos últimos testigos y doña Dolores Fontanellas, se practicaron diligencias en su busca, y se dió conocimiento á las Autoridades; y segun D. Ramon Serra y Monclús, hacia dos años que el Marqués de Casa-Fontanellas le manifestó algunas cartas, que dijo ser letra de su hijo, despues de la desaparicion, y le encargó practicara diligencias, que fueron infructuosas: Que D. Lamberto Fontanellas presentó tres cartas, que dijo haber encontrado entre los papeles de su padre, con una nota (4) que decia, que al dar parte de la desaparicion de su hijo al general D. Manuel Breton, para que tomara disposiciones á fin de descubrir la trama, puso en su poder las tres cartas que habia recibido (5): Que una de dichas cartas tiene sello del correo interior de esta ciudad, del dia 7 de Diciembre de 1845, está firmada por Cláudio Fontanellas, y escrita de mano ajena en la que pide á su padre le salve del peligro que amenaza su existencia, y espera que uno de sus guardas le dejara escapar si da una cantidad suficiente para vivir de renta en el extranjero; la otra, fecha del 27 de Diciembre de 1845, está escrita y firmada asímismo por el Cláudio Fontanellas, y en ella lamenta que su padre no haya contestado á la que dice le escribió el 24, explica sus sufrimientos, se acuerda de todos sus hermanos y con particular y repetido interés de su padre, y espera verles de nuevo. La tercera, sin fecha, está escrita y firmada por su titulado jefe, y solo contiene amenazas si no se entrega la cantidad pedida, sin que se la determine y sin otros méritos; oido el Promotor Fiscal, se acordó el sobreseimiento, sin perjuicio, que aprobó la Sala.

Resultando que, anunciado por los periódicos el regreso de D. Cláudio Fontanellas á esta ciudad, acordó el Juez de primera instancia del distrito de Palacio, en 16 de Mayo de 1861, que se le diera cuenta de las anteriores diligencias, y al mismo tiempo el Excmo. Sr. Gobernador civil le trasladó copia de la comunicacion del Marqués de Casa-

(4) De letra desconocida, sin firma y sin fecha.
(5) Á lo que contesta la Capitanía General, que allí no hay tales cartas, ni antecedente alguno relativo á D. Cláudio Fontanellas.

Fontanellas, participándole su satisfaccion por el feliz arribo de su hermano D. Cláudio; que el Juez acordó acreditar la identidad de este, y sobre ello declaró el Marqués, en 17 del propio Mayo, expresando que á medio dia del 15 recibió una carta de su hermano Cláudio, anunciándole que se hallaba á bordo del paquete *Puerto-Rico*, por lo que mandó á recibirle á su antiguo dependiente D. Francisco Martí, y llegados á su casa, le recibió y reconoció como tal hermano; y D. Francisco Martí, despues de contestar la cita, añadió que tambien le tenia por tal, fundado en su conocimiento antes de la desaparicion, en haberle reconocido á primera vista el D. Cláudio, y en lo que actualmente observaba en su fisonomía (6): Que en declaracion jurada refirió el actualmente procesado, del modo que tuvo por conveniente, el hecho de secuestro de la persona, que dijo haber ocurrido á las seis de la tarde, á fines del año de 1845, citando, entre otros particulares, que, fugado del poder de los secuestradores, se dirigió á la Barceloneta, permaneciendo ocho dias en casa de un tal Tomás, de oficio calafate; que el dia 19 mandó el Juez evacuar esta cita, y como se supiese el 21 que estaba en Marsella uno de este nombre, que se creyó ser el citado, y cuyo regreso se esperaba de próximo, quedó en suspenso el procedimiento hasta el 23, durante cuyo tiempo permaneció el procesado en la casa de D. Lamberto Fontanellas, como hermano; que por este abonó á D. Feliciano Roig, capitan del buque que lo habia traido desde América, 150 duros por el pasaje, 25 además por préstamo durante la travesía, y entregó asímismo al procesado tres napoleones para el bolsillo, presentándose este en todas partes, y gozando y disfrutando, bajo todos conceptos, de los respetos y consideraciones inherentes á tal posicion y estado.

Resultando que, habiendo llegado á noticia del Juez de primera instancia que, no obstante lo manifestado por D. Lamberto Fontanellas en comunicacion del 16 de Mayo al Gobernador de la provincia, y de lo declarado con juramento, abrigaba algunas dudas de que la persona llegada á su casa el dia 15 fuese realmente su hermano D. Cláudio, dictó auto el 23 del propio Mayo, mandando ampliar su declaracion en los términos que estimase, y constituido en la casa de este, le examinó y á

(6) Francisco Juan Martí (fólio 65 vuelto) dijo: *«que en efecto le reconoce por tal* (D. Cláudio Fontanellas) fundado *en el conocimiento que de él tenia antes de su desaparicion,* en haber el testigo sido reconocido por dicho D. Claudio á primera vista, y *en lo que actualmente observa en su fisonomia.»*

otros varios testigos, por cuyas declaraciones, estimando que existia motivo racional fundado para creer que el titulado D. Cláudio Fontanellas era Cláudio Feliu y Fontanills, decretó y realizó su prision, y continuó la causa hasta dictar sentencia, imponiendo al procesado la pena de doce años de presidio mayor con las accesorias, remitiéndola despues en apelacion y consulta.á esta Superioridad, en donde ha quedado sustanciada y conclusa legítimamente, habiéndose además sustanciado y resuelto negativamente dos incidentes de nulidad propuestos por el procesado, fundado el primero en ventilarse en esta causa una cuestion sobre el estado civil, que debia ser resuelta préviamente en juicio contradictorio; y el segundo en varios vicios imputados al procedimiento, que asímismo resolvió el Juez de primera instancia; otro incidente promovido por D. Antonio de Lara, pidiendo autorizacion para querellarse de injuria y calumnia contra quien hubiese lugar, por algunas palabras ó párrafos del escrito de defensa de primera instancia, cuyas pretensiones de nulidad y autorizacion se han reproducido conjunta y alternativamente con la de absolucion en el acto de la vista, así como tambien la de autorizacion solicitada por el defensor de D. Antonio de Lara para querellarse contra el abogado D. José Indalecio Caso por expresiones vertidas en su informe en defensa del procesado:

Resultando que el procesado explica su desaparicion diciendo que, segun le parecia, á fines del 1845, como á las seis de la tarde, al pasar por la calle de Santa Madona, fué detenido por cuatro hombres, que tuvo por individuos de la ronda de Tarrés, por parecerle que llevaban alguna señal ó divisa, que determinó luego, diciendo que era una chapa amarilla en la gorra, los cuales le mandaron seguir y condujeron á una cueva á la derecha de la falda de Monjuich, y entrando en ella, le obligaron á firmar un papel, reducido á decir á su padre que estaba preso, y que si queria librarle la vida entregase mil onzas; cuyo papel recogió despues uno de los cuatro hombres, que con otro salió de la cueva, regresando á poco rato; que al entrar en ella vió un cadáver ya en estado de descomposicion, que se le amenazó con un puñal y le despojaron de la levita y calzado; que los cuatro hombres comieron y bebieron, y se echaron á dormir dos á cada lado suyo; que, poco antes de amanecer, temeroso de que atentaran contra su vida, y contando que estarian algo ébrios, se resolvió á tentar la fuga, logrando evadirse, y habiéndose dirigido al pueblo de Sans, llegó cuando principiaba á amanecer, y sin detenerse ni hablar con nadie, fué á la Barceloneta en casa de un tal Tomás, calafate, donde permaneció ocho dias, hasta que este le proporcionó pasaporte y se embarcó para Buenos Aires, en el bergantin goleta *Conchita* ó *Jóven Conchita*, capitan Graus, ya difunto, y cuyo buque se perdió en las costas de Africa, segun habia oido; que salió sin fondos ni mas ropa que la puesta, conviniendo con el capitan que le pagaria dos onzas por el pasaje á su llegada (7); que en Buenos Aires trabajó para ganarlas, usó distinto nombre, que despues dijo ser el de Santiago O'Donnell, y despues sirvió en las filas del ejército de aquel país; que se ausentó por haber creido que la detencion era obra de su padre; que supo el fallecimiento de este estando en Buenos Aires por un capitan llamado Pablo; que allí ocupaba una posicion brillante sin que nada le faltara, y habia regresado por las indicaciones del capitan y piloto del buque que le trajo; pues sabedores de quién era por lo que les manifestó, le hicieron entender cuánto le convenia su regreso, y además reconoció como suyas las cartas de 7 y 27 de Diciembre de 1845, presentadas por Lamberto Fontanellas en las primeras diligencias.

Resultando que al determinar el acusado la fecha de su desaparicion; primero la fijó en el año de 1848 en su carta á D. Lamberto Fontanellas, escrita á bordo del buque paquete *Puerto-Rico*, despues en una de sus declaraciones á fines de 1846, y luego en otra en el 25 de Setiembre de 1845 ó 1846; y últimamente, en sus escritos de defensa, dijo que sucedió el 29 de Setiembre de 1845, como á las seis de la tarde.

Resultando que ninguno de los Tomás de la Barceloneta examinados contestaron la cita del procesado; que, constituido este en aquella poblacion por mandato del Tribunal, designó la casa núm. 93 de la calle de San Miguel, como la en que se albergó despues de fugarse de la cueva, y examinados los habitantes de ella desde 1845, Margarita Marqués, José Oriol Sanz y María Francisca Guillen, resultó no haber vivido en ella ningun Tomás.

Resultando que, segun las comunicaciones de la Capitanía del puerto y de la Comandancia militar de Marina, no resulta que ni en Setiembre ni Octubre de 1845 saliese buque alguno para Buenos Aires con el nombre de *Conchita*, ni otro en que el capitan se llamase Grau (8).

(7)   Y ya se comprende que el pasaje costaria mas de dos onzas.

(8)   El Capitan del Puerto de Barcelona, en oficio de 2 de Agosto de 1864, remitió lista de los buques *que salieron despachados para Buenos Aires* en los meses de Setiembre y Octubre de 1845.

Fólio 510: escrito en el que se pidió que se pasase oficio al Comandante

Resultando por oficio del Gobernador civil y declaracion de D. Ramon Serra y Monclús, jefe de la denominada de Tarrés, á cuyos individuos atribuyó el procesado su detencion en 1845, que esta fué creada en 1.° de Julio de 1848 (9), y que sus individuos vestian al uso del país, sin que llevasen uniforme ni distintivo de ninguna clase.

Resultando que se han unido á la causa como documentos ocupados al procesado : 1.° un diploma ó despacho de Alférez de artillería de Buenos Aires de 22 de Julio de 1858, á favor de D. Cláudio, con el apéllido enmendado, y que dice el procesado haberlo recibido en aquel estado ; 2.° un pase ó pasaporte militar á favor de D. Cláudio Fontanillas, su fecha 29 de Setiembre de 1859, para su incorporacion en el ejército de la Confederacion Argentina ; 3.° una lista de individuos de marina, correspondiente al mes de Octubre de 1859 ; 4.° el borrador de Cláudio Fontanillas, solicitando volver al servicio del ejército en que habia sido dado de baja, con posterioridad, segun se infiere, á Octubre de 1859 (10), en el cual, entre otros fundamentos y razones para ello, consigna la de hallarse reducido á una estrecha miseria ; 5.° el pasaporte de América, extendido á favor de D. Cláudio Fontanellas en 5 de Diciembre de 1860.

Resultando que, segun afirma el piloto D. Antonio Roig, encontrando casualmente al procesado en América, y manifestándole este que pertenecia á la casa de Fontanellas, le invitó á que regresara, venció su repugnancia, motivada, segun dijo, por resentimientos de familia, y

del Tercio Naval para que expresase los nombres de los tripulantes de los buques que salieron *de Barcelona para Buenos Aires* en el mes de Setiembre y hasta el diez de Octubre de 1845.

Fólio 554: oficio de la Comandancia, del que resulta que el nombre de Fontanellas no aparece entre los tripulantes de ningun buque *despachado para Bnenos Aires* en aquella fecha.

Una sola pregunta : los buques todos que van de Barcelona á Buenos Aires ¿salen *despachados para Buenos Aires?*

(9) D. Rámon Serra y Monclus (fólio 447) dijo : «Que no formó parte de la política organizada poco despues de los sucesos politicos de 1848, ni conoció á persona alguna de las que la formaron (*luego no pudo conocer á Tarrés, que era una de esas personas*), pero sí sabe que Gerónimo Tarrés entró en el ramo de policia (*¿por primera ó por segunda vez?*) poco despues del secuestro de varios vecinos de Sans ocurrido en el año de 1848.»

(10) Este borrador no tiene fecha, ni se refiere á ninguna época determinada.

le ofreció el pasaje en su buque aunque no tuviese dinero para pagarlo, que ya lo cobraria despues de la familia; que para esto se puso de acuerdo con D. Feliciano Roig, que se avino en admitirlo mediante el pasaporte en regla, siendo el mismo Roig quien llevó á casa de Fontanellas la carta que desde el buque escribió el procesado.

Resultando que D. Lamberto Fontanellas y D. Francisco Martí, en segunda declaracion, expresaron sus dudas en cuanto á ser el procesado D. Cláudio Fontanellas, y motivos en que las fundaban (11). Que doña Eulalia Fontanellas y su esposo D. Antonio de Lara, á su llegada de Madrid, niegan absolutamente que lo fuese, cuya negativa sostienen D. Juan Freixer, por sus antiguas relaciones de amistad con la casa (12), D. Salvador Aromir, que hasta su desaparicion trató á D. Cláudio como

(11) Francisco Juan Martí (fólio 72). Preguntado si es suya la declaracion del fólio 65 vuelto, leida por el actuario de que doy fé, dijo: «que es suya y *se afirma y ratifica* en su contenido, si bien debe hacer presente que en lo que expresó referente á la identidad de la persona llegada á la casa de D. Lamberto Fontanellas el dia 15 del actual, que *manifestó tenerle* por D. Cláudio Fontanellas, hermano de D. Lamberto, *por no caberle duda de que con anterioridad habia visto á dicha persona (véase la nota número 6, donde está lo que declaró Marti seis dias antes)*, y porque al ir en su busca al bergantin paquete *Puerto-Rico* en que llegó á este puerto, reconoció al testigo y le llamó por su apellido, echándose en sus brazos al atracar la lancha en que iba el testigo junto al citado buque (*se calla lo que habia dicho de la fisonomia*); debiendo hacer presente que N. Grau (*no sabe siquiera cómo se llama y le cree mas que á sí mismo*), que está en la casa de doña Josefa Fontanellas, prima de D. Lamberto, expresó al testigo en la mañana del 20, si mal no recuerda, que en su concepto, el D. Cláudio llegado á casa de D. Lamberto, no es el hermano de este, sino un D. Cláudio Féliu y Fontanills, á quien el Grau conoció en la casa de D. Gabriel Romeu, de la Barceloneta, y que hace algunos años se ausentó de esta capital; todo lo cual ha venido á infundir alguna duda en el ánimo del testigo acerca de la identidad del D. Cláudio venido el 15 del actual.»

(12) Juan Freixer (fólio 373). «Repreguntado si por efecto de haber visto al procesado en la casa de Fontanellas manifestó á algunas personas tener la conviccion de que dicho procesado era el D. Cláudio hermano de D. Lamberto, dijo: Que aunque á primera vista no le pareció reconocer en el procesado á D. Cláudio Fontanellas, como D. Lamberto se lo presentó como su hermano, no creyó poder decir que no lo era, pues tal podia haber sido su variacion.» Luego, en un principio, este amigo antiguo de la casa creyó y sostuvo que el recien-llegado era D. Cláudio Fontanellas.

hermano (13); D. José Figueras, profesor, que lo tuvo dos ó tres años de alumno interno en su colegio; D. Eduardo Giber, compañero suyo de colegio y pariente de la familia; doña Bernarda Prim, viuda de un antiguo empleado de la casa, donde estuvo cuarenta y dos años(14); D. Luis Sala, dependiente de ella hacia treinta y dos; José Miguel, albañil, que trabajaba en la misma cuando la desaparicion, y D. Joaquin Castelló, que estaba al servicio de D. Francisco Fontanellas (15).

(13) D. Salvador Aromir (fólio 370). «Repreguntado si durante los dias que el procesado estuvo en casa de D. Lamberto Fontanellas, le acompañó el testigo al teatro, Torre de Sarriá y al pueblo de Canet de Mar, dijo: Que le acompañó al teatro y á la Torre y no á Canet.»

»Repreguntado si ha manifestado á algunas personas que el procesado era D. Cláudio Fontanellas, hermano de D. Lamberto, señaladamente en los dias que con él se acompañó, dijo: Que en los tres primeros dias siguientes al de la llegada del procesado á la casa de D. Lamberto, manifestó á algunas personas que era el hermano de aquel D. Cláudio; pero no posteriormente.»

(14) Doña Bernarda Prim (fólio 130 vuelto). «Preguntada si ha conocido á D. Cláudio Fontanellas, etc., dijo: Que como casada con un antiguo empleado de la casa donde estuvo por espacio de cuarenta y dos años, ha conocido á don Cláudio *desde su nacimiento*, y supo su ausencia de la casa, sin que haya sabido de él. Que supo la venida del jóven procedente de Buenos Aires, como tal D. Cláudio y pasó á visitarle, como que al preguntar por él salió al encuentro de la declarante y se le echó en los brazos *con emocion*, por cuya circunstancia y la escasa luz que habia en la sala *no dudó* de que era el verdadero D. Cláudio. Repuesta, empero, de la emocion que á su vez sentia la testigo, echó de ver una notable variacion de facciones, etc.»

(15) «En 13 de Octubre de 1862 entró preso en la cárcel á disposicion del Juzgado de Palacio y Escribano D.... (*uno de los comprendidos en este resultando*) por causa de estafas, y en virtud de auto de dicho Juzgado, queda el expresado..... á disposicion del Excmo. Sr. Capitan general. Alcaidía de las cárceles de Barcelona.=El Alcaide, Manuel Gispert. = Está sellado.»

D. Lamberto Fontanellas (declaracion fólio 70.) «Preguntado en que parroquia fué bautizado su hermano D. Cláudio y con qué personas se asoció mas íntimamente durante su permanencia en esta ciudad, dijo: Que fué bautizado en la parroquia de Santa María del Mar, y que las personas con quienes mas frecuente é íntimamente se asociaba, eran: un tal Aromir, platero y Freixer N. corredor ó dependiente de tal, debiendo añadir que su citado hermano asistió algun tiempo al Colegio de D. N. Figueras en esta ciudad.»

«Preguntado si existen y dónde en su caso otras personas que se hallaran de dependientes en la casa de los padres del testigo al ausentarse su hermano D. Cláudio ó la frecuentaran, dijo: Que de los dependientes que tenia

Resultando que, segun declaraciones de D. Lamberto y doña Eulalia Fontanellas, D. Francisco Martí y del procesado, D. Cláudio Fontanellas y Salas cayó de un caballo en el camino de Sarriá, fracturándose
la pierna derecha cerca del tobillo; que, reconocido el procesado por
los médicos forenses, no le encontraron señal alguna de fractura en dicha pierna; que dos testigos del plenario, refiriéndose á noticias de la
familia, expresaron que el percance ocurrido al D. Cláudio Fontanellas
en el camino de Sarriá consistió en la dislocacion del tobillo fracturándose el hueso; que el propio D. Lamberto en su ratificacion habló de la
dislocacion, refiriéndose á dicho acontecimiento, y tambien de dislocacion D. Antonio de Lara, aunque expresando haber quedado por sus
resultas una cicatriz; que asímismo durante el plenario le reconocieron
los facultativos D. Benigno Armendariz, D. José Oriol y D. José Puig,
como testigos á su instancia; de los cuales los dos primeros declararon
haber encontrado que el procesado tenia una cicatriz en la pierna derecha de forma lineal, producida, segun les dijo este, por haber caido de
un caballo, y aunque en lo físico nada particular se observaba, parecia
no poder jugar bien la articulacion del pié con la pierna, y el tercero
que tenia una cicatriz hecha á consecuencia de una herida por un cuerpo extraño, de carácter contundente y cortante, de una pulgada desde
la posterior á la anterior de la articulacion del pié con la pierna. Que
examinado igualmente, como testigo del procesado, D. Bernardo Turell,
cirujano de Sarriá, de treinta y un años de edad, por ser el que asistió
y curó al D. Cláudio Fontanellas en su enfermedad por aquella fractura, dijo, que en un domingo de Abril de 1844 asistió á la primera curacion de un hijo de D. Francisco Fontanellas, á quienes conocia anteriormente, y despues de sacarle la bota, encontró que tenia fracturado
el hueso peroné del pié derecho, con salida de una esquirla por la parte
externa y tercio inferior de la pierna, que produjo una úlcera, que se
presentó primero en un estado normal y despues un carácter gangre-
noso; por lo que hubo necesidad de tocarlo con la piedra infernal, quedando de sus resultas una cicatriz, que debia subsistir; que el procesa-

su difunto padre al ausentarse D. Cláudio, solo continúa en la casa D. Luis
Sala, además de D. Francisco Juan Martí y doña Bernarda Prim de Salvador,
que concurria y frecuentaba la casa con mucha intimidad.»

Hé aquí por quién y cómo fué dada la lista de los principales testigos que
convenia examinar para la formacion del sumario; pues respecto á la familia
Feliu, Ramon y Celestino, estaban de antemano en la misma casa de don
Lamberto la noche del 23.

do no tenia cicatriz ni señal que pudiese indicar la preexistencia de la úlcera gangrenosa, procedente de la perforacion que hubiese podido producir la fractura del hueso peroné, y sí únicamente la señal como de un rasguño, que no era consecuencia de la fractura y esquirla, y que no le reconocia por el hijo de Fontanellas á quien curó.

Resultando que, preguntado el procesado en la primera indagatoria de 24 de Mayo de 1861 por el apellido materno, contestó que lo ignoraba por no haberlo usado nunca, y preguntado de nuevo sobre ello en otra de 2 de Junio siguiente, mostró igual ignorancia; que, preguntado asímismo por las personas que componian la familia de Fontanellas antes del secuestro de D. Cláudio, omitió la de la hermana de este, Frasquita, á la que tuvo tan presente en su carta de 27 de Setiembre de 1845.

Resultando que los maestros revisores de letras, D. Agustin Miracle y D. Gotardo Grondona, despues de cotejar las cartas, fólios 33 y 35, escrita la primera y firmadas las dos por D. Cláudio Fontanellas, con la carta, fólio 117, escrita por el procesado á bordo del paquete *Puerto-Rico*, y demás firmas de este en los autos, aseguran caligráficamente que la escritura y firmas de aquellas de ningun modo fueron ejecutadas por la misma mano que escribió y ejecutó estas; y que, entre otras razones para fundar su juicio, expresaron al tiempo de ratificarse en plenario las de correccion ortográfica de unos y otros escritos; pues al paso que D. Cláudio Fontanellas en su carta no incurrió en otro error que el de poner una *s* por una *c*, y al contrario, el procesado en la suya y en la que escribió en los autos equivocó la *g s c* y *z*, omite la *h* y *n*, muda y separa las sílabas de una misma diccion: añaden que cualquiera que posea una mediana instruccion, conocerá á la simple vista las faltas que indican, y que de ello deducen ser del todo imposible que el sugeto que escribió la carta fólio 35, sea el mismo que escribió la del 117, pues aquel poseia la ortografía con bastante exactitud, en la que debia haberse perfeccionado y de ninguna manera cambiado, á no sufrir alguna alteracion mental.

Resultando que D. Cláudio Fontanellas y Sala, segun su partida de bautismo, nació en 15 de Diciembre de 1822; que en el pasaporte de 5 de Diciembre de 1860 firmó como suya la edad de treinta y dos años; en su primera declaracion de 17 de Mayo de 1861 dijo que tenia unos treinta y tres años, y en la indagatoria del dia 24 del mismo mes expresó tener treinta y cinco.

Resultando que durante el plenario suministró el procesado prueba de testigos para acreditar que era D. Cláudio Fontanellas, y que de

9

los cuarenta y siete que sobre el particular declararon: catorce lo afirman fundados en razones de conocimiento, servicios en la casa como lactado algun tiempo al D. Cláudio, llevar cartas, cobrado letras y criados, haber otros de igual clase; once solo de concepto; cinco de creencia por las conversaciones que con él habian tenido; diez ni afirman ni niegan que sea el tal D. Cláudio, y uno que es Leopoldo Rossi, que si bien lo afirma, anteriormente no le habia reconocido (16).

Resultando que Magdalena Vidal, testigo del plenario, manifiesta haber visto desnudo al procesado y observado en él la mala formacion del pecho, una peca en el costado derecho, otra en la parte inferior interior del brazo del mismo lado y la pierna derecha muy peluda, cuyas señales dice que concurrian en D. Cláudio Fontanellas: que Rosa Poch, testigo asimismo del plenario, determina tambien como señales del Fontanellas la mala construccion del pecho, una ó dos pecas en la parte exterior inferior del brazo derecho y el resentimiento de un pié, efecto de una dislocacion por caida resbalando en una piedra, y que los médicos que como testigos reconocieron al procesado, además de lo ya referido en cuanto al resentimiento del pié, dijeron haberle encontrando en la parte anterior del sobaco derecho un lunar como una lenteja y otros menores ó pecas en lo demás del cuerpo y brazos, y en el pecho un aumento de volúmen en las partes laterales que daba lugar á una subintracion del esternon en la parte inferior; bien que segun dos de ellos está en lo general bastante bien ó bien formado.

Resultando que D. Odon Fonoll, D. José Giró y D. Crescencio María Mellet, director el primero y profesores los segundos de la Escuela Normal (17), despues de cotejar las cartas, fólios 33 y 35, in-

___

(16) Leopoldo Rossi, preguntado·por la declaracion fólio 216, dijo: «*que se ratificaba en su contenido, exceptuando en lo que se refiere á presentar menos edad el procesado de la que debiera tener D. Cláudio Fontanellas, echando en falta en su antedicha declaracion la manifestacion que hizo de haber visto moribundo al procesado, y por esta razon ó por hallarse en aquel estado, no podia expresar terminantemente si era él ó no.—Repreguntado si reconoce en aquel á D. Cláudio Fontanellas, dijo, que reconoce en el procesado que tiene á la vista al legitimo hijo de la casa de Fontanellas y su hermano de leche, fundándose para ello en los datos que le ha dado dicho procesado referentes á·su niñez.*»

(17) Falta aquí un caligrafo que es D. Ignacio Cusals, regente de la misma escuela, que declaró como los anteriores (fólio 664).

dubitadas de D. Cláudio Fontanellas, con la del fólio 117 indubitada, asímismo del procesado, afirmaron en concepto de testigos de este que entre una y otra se observaban algunas diferencias, que atribuyeron á la diversidad de fechas y tiempo trascurrido.

Resultando que por là declaracion de D. Gerardo Rodés, testigo del sumario, y en parte por la del procesado, que á las cuatro de la tarde del dia 18 de Mayo de 1861, hallándose este de visita en casa de doña Josefa Fontanellas, en la que tambien se encontraba Rodés dirigiéndose á este, le manifestó conocerle mucho por haberle visto en casa de Gabriel Romeu habitante en la Plaza de San Miguel de la Barcelonéta en 1850, empezó á frecuentar la casa de Roméu en 1853, y conoció en ella al procesado en 1854, como Cláudio Feliu, aprendiz en casa del droguero D. Antonio Coll, que habitaba en el piso bajo de la de Romeu; que el testigo Antonio Coll reconoció al procesado por Cláudio Feliu y Fontanills, á quien tuvo de dependiente en su tienda dos años poco mas ó menos despues del cólera de 1854, pasando desde ella á trabajar á la fábrica de fundicion del *Nuevo Vulcano* (que despues resultó ser la de Domenech), y sin que le volviera á ver hasta el año de 1856, en que aquel tomó parte con los revoltosos, habiendo sabido que despues se embarcó para Ultramar, añadiendo en la ratificacion que la entrada de Feliu en su casa fué dos años antes del cólera, ó sea en 1852; que D. Gabriel Romeu contestó las citas de Rodés, y reconoció al procesado por el Cláudio Feliu, dependiente de la casa de D. Antonio Coll: que los testigos Isidro Carbonell y José Palau le reconocieron asímismo por Cláudio Feliu conocido por el droguero; que con ellos trabajaba en Julio de 1856 en la fábrica de fundicion de Domenech; que por tal le conoció tambien Francisco Sust, con quien habia servido en la Milicia Nacional (18); y últimamente, Joaquin Feliu y Joaquina Fontanills le reconocieron por su hijo Cláudio, así como Celestino y Cármen por su hermano, y D. Ramon Feliu por su sobrino.

Resultando que el procesado suministró prueba de testigos para

---

(18) Francisco Sust (fólio 575), dijo, «Que es cierto manifestó *no reconocer* al procesado por Cláudio Feliu y Fontanills; pero que habiéndole visto posteriormente y viéndole en el acto, debe expresar y expresa que dicho procesado es Cláudio Feliu y Fontanills, á quien ha conocido mucho y servido en una misma compañía de la Milicia Nacional de esta ciudad.»

acreditar que no era Cláudio Feliu y Fontanills, y aun la imposibilidad de serlo; que sobre lo primero declararon trece testigos, de los cuales ninguno afirma que no lo sea (19), y si algunos su creen-

(19) D. José Ballester (fólio 573), dijo, «que en efecto, ha manifestado é *insiste en manifestar que no reconoce al procesado á quien tiene á la vista por Cláudio Feliu*, sabiendo por manifestacion de D. Félix Ciervo y D. Francisco Sust, que tampoco han reconocido por Cláudio Feliu á dicho procesado.»

D. Félix Ciervo (fólio 576), dijo, «que con efecto ha manifestado que el procesado á quien tiene á la vista no es *á su parecer* Cláudio Feliu y Fontanills, *en cuya creencia persevera, pues para el testigo no es tal Cláudio.*» Nótese la redaccion.

Teresa Massot (fólio 579) dijo, «que es cierto que hizo las manifestaciones que comprende la pregunta, (*respecto á que el procesado no es Feliu*), debiendo manifestar en la actualidad que *para ella no es el procesado el Cláudio Feliu á quien crió.*» A varias repreguntas que se la hicieron, contesto, «que hará cinco años se ausentó de esta capital para América Cláudio Feliu y Fontanills, pero pasado Reyes; que le veia de vez en cuando, habiéndolo visto diez, veinte ó á lo mas treinta dias antes de su marcha.»

Francisco Fernandez (folio 582) preguntado por el capitulo 10, dijo »Que es cierto el contenido de la pregunta, y por lo que respecta al testigo, *le parece que el procesado es de mas edad* (*el le parece se refiere solo á la edad*), que el Cláudio Feliu á quien crió su mujer Teresa Masot, y por ello *para él el procesado no es el Cláudio Feliu* amamantado por su mujer, debiendo manifestar que la última vez que vió al referido Feliu en esta ciudad, fue durante la lucha habida en ella con ocasion de hallarse de Capitan general el General Zapatero, cuya lucha fué la última que ha ocurrido en esta ciudad, en cuya ocasion pasó una noche en la casa del testigo.»

Luis Grangé (fólio 584) dijo : « Que como cosa pública ha oido indistintamente á unos que el procesado era Feliu, y á otros que no, y *que para el testigo no lo es* (*para él, para ella y para el testigo*): Dijo además..... «Que no puede precisar la fecha en que viera la última vez al Feliu, pareciéndole que debió ser en los años de 1855 y 1856, época en la que habia ya dejado de ser el teatro de Marquet, que estaba establecido en la Barceloneta y en el que habia trabajado junto el testigo con Feliu.»

Pedro Cális (fólio 592) dijo : «Que no sabe si las personas designadas en el articulo han hecho la manifestacion que espresa; que respecto á otros ha oido decir indistintamente que el procesado era Cláudio Feliu y Fontanills y que no lo era, pudiendo añadir que el declarante conoció al Cláudio Feliu y Fontanills *y que no reconoce por tal al procesado.*»

Miguel Figueras, (fólio 666) dijo: «Que nada ha oido á los sugetos que espresa la pregunta referente á su contenido; pero que *para el testigo no es el proce-*

·cia ó concepto de que ño lo es; otros de oidas y cinco lo ignoran, figurando entre los de creencia Teresa Massot y su marido Francisco Fernandez, ama de leche la primera, que dice haber sido del Cláudio Feliu; que sobre lo segundo declaran seis que afirman haber visto al procesado en América en los años 1851, 1853 y 1855, y respectivamente que se le conocia de público por Cláudio ó capitan Cláudio, y que en 1852 llevaba vendada la mano por la herida recibida en un desafío.

Resultando que Cláudio Feliu y Fontanills, segun su partida de bautismo, nació en 3 de Febrero de 1837; que los médicos forenses en su declaracion. conceptuaron que el procesado debia tener de veinticuatro á veintiseis años de edad; D. José Puig, médico testigo del plenário, de treinta á treinta y cuatro, y el procesado en el borrador de exposicion que obra al fólio 108 del inferior, escrita de su mano en América con posterioridad al mes de Octubre de 1859, pidiendo volver al ejército en que habia sido dado de baja, consigna las frases de *«la juventud que forma su edad al presente» «la posibilidad de un individuo jóven;»* que segun varios testimonios del sumario, Cláudio Feliu tiene una herida en un dedo que se estropeó trabajando en la fundicion; que Joaquina Fontanills, madre de Cláudio Feliu, determinó como señales de su hijo algunos lunares en la espalda izquierda, segun le parecia, y una quemadura en la nalga derecha, segun su creencia, que se causó siendo niño por haber caido en el brasero; que reconocido el procesado por los médicos forenses y por los que como testigos suministró este, le encontraron tener en el dedo medio de la mano derecha y su parte posterior, una cicatriz, y otra mas pequeña en la parte media superior del propio dedo, producida, segun unos, por cuerpo cortante, y segun otro, por instrumento que no le era posible determinar; que en cuanto á lunares le encontraron los ya anteriormente reseñados; y respecto á la quemadura, los médicos, testigos únicos que sobre ello le reconocieron, encontraron tenia en la nalga izquierda una cicatriz de pulgada y media de extension y una de latitud, de circunferencia irregular, constituida de una piel rugosa, expresando uno de ellos, D. José Puig, que nada habia en las nalgas

sado á quien ha visto dos veces en esta cárcel el Feliu aprendiz que fué en casa de Coll.»

NINGUNO AFIRMA QUE NO LO SEA, dice la sentencia. Para muestra de los testigos afirmativos, véase la nota 18.

que le indujera á creer que hubo quemadura·, pero no sabia la causa·
que produjo aquella cicatriz.

Resultando que el testigo D. Antonio Coll durante el plenario
presentó una carta que dijo haber encontrado en sus apuntes de fecha 18
de Setiembre de 1852 y estar escrita por Cláudio Feliu; que practicado por los maestros revisores el cotejo de ella con la del procesado,
fólio 117, dijeron que si bien á primera vista se presentaba algo distinta la letra de una y otra por haberse escrito la primera con pluma
de ave sumamente cansada, en el fondo tenia el mismo carácter, aunque mas imperfecto, y guardaba relacion, encontrándose los mismos
vicios ortográficos, deduciendo de todo que eran de una misma mano;
que asímismo los peritos calígrafos presentados por la defensa como
testigos, practicado igual cotejo, opinaron ser una y otra de mano distinta, no encontrando otra analogía en la letra de ellas que la que
siempre existe entre caractéres algo parecidos.

Resultando que el procesado en el otrosí 21 de su escrito de defensa en primera instancia de 2 de Julio de 1861, consignó haberse
resentido notablemente su salud desde que bebió un vaso de agua en
la noche ó madrugada que se le redujo á prision, pidiendo á su virtud
una consulta de médicos, á la cual proveyó el Juez que usara de la
libertad de accion, valiéndose de los facultativos que se prestaran á
sus deseos; que en el octavo otrosí de su escrito de defensa en segunda instancia de 25 de Junio de 1862, se propuso justificar que llegado
á la cárcel en la madrugada del 24 de Mayo de 1861 apareció envenenado por efecto de aquel vaso de agua, y que á esta prueba no dió
lugar la Sala, reservándole su accion para denunciar el hecho.

Resultando que D. Antonio de Lara en sus escritos de fólios 411
y 421, ramo del inferior, pidió autorizacion para querellarse de injuria
y calumnia contra el procesado y cualquier otro que correspondiese
por las frases consignadas en el escrito de fólio 253, diciendo que
habia sido mal esposo y mal padre cuando D. Francisco Fontanellas
dispuso en su testamento que desheredaba á doña Joaquina y sus sucesores en el caso de que permitiesen que dicho Lara ó algun pariente
suyo administrase los bienes de la herencia, y haberse dicho en la
defensa que sobre el año 1838 se le siguió una causa sobre falsificacion de documentos.

Considerando que esta causa nó tiene por objeto resolver una
contienda sobre derechos de filiacion ó parentesco del procesado con
la familia de Fontanellas, fundados en el nacimiento, y sí únicamente

el hecho concreto de haber aquel·fingido ser el D. Cláudio Fontanellas y Sala, desaparecido de la casa de sus padres en Setiembre de 1845, hecho que, teniendo por base necesaria el dolo en su realizacion, corresponde á la esfera de lo criminal y constituye el delito de usurpacion del estado civil de otro, previsto y penado por el art. 394 del Código, que debe ventilarse y resolverse criminalmente.

Considerando que la ley establece como regla general el procedimiento de oficio para la persecucion de los delitos, sin mas excepciones que las que ella determina; que entre las excepciones no comprende el de usurpaoion del estado civil; y que á su virtud puede perseguirse este ·de oficio sin necesidad de querella ní prévia denuncia.

Considerando que el delito de usurpacion del· estado civil afecta primariamente al individuo cuyo estado se usurpa, y solo por derivacion á los demas de su familia; que la aceptacion del usurpador, por cualquiera de estos como miembro de ella, no puede constituirle en·un·estado de posesion que deba respetarse y discutirse dentro del círculo de las leyes civiles desde que consta ó hay sospecha de la usurpacion; porque el derecho no ampara ni protege la tenencia emanada del delito, y tenencia es y no mas la que tienen el ladron y el usurpador en la cosa robada ó usur pada; que por ello el reconocimiento de D. Lamberto no creó á favor del procesado un título de verdadera y propia posesion que impidiera el ingreso y la continuacion del juicio criminal, para la averiguacion y castigo del delito de usurpacion del estado civil de D. Cláudio Fontanellas y·Sala, desde que aparecieron racionales fundamentos para presumir su comision, y que era su autor el procesado.·

Considerando que el estudio de esta causa en su conjunto, sus detalles y en su parte mas íntima y profunda, revela de una manera evidente que los vicios de nulidad opuestos en segunda instancia á la forma extrínseca del sumario, aceptado como válido en la primera, no son en el fondo sino insinuaciones maliciosas contra la imparcialidad y probidad de las personas que en él han intervenido con carácter público ó privado; porque de otro modo la buena fé y la sana razon comprenden que, atendida la índole especial de las actuaciones incoadas con la providencia de 23 de Mayo de 1861, las consideraciones debidas al que entonces figuraba aun como hermano del Marqués de Fontanellas; y la necesidad de emplear la diligencia de confrontaciou ·del supuesto hermano con los testigos, la prudencia y los deberes sociales exigian del Juez instructor que se trasladase á la casa del mismo que habia de ser identificado, con preferencia á comenzar por la traslacion y retencion de este en su audiencia; que al obrar de este modo, ni abusó de su autoridad, ni infringió ley alguna, ni causó nulidad, como tampoco porque actuase en horas de la noche sin habilitacion prévia, ni porque los testigos declararan sin preceder mandato de citacion, ó porque precediendo no se consignara; pues por lo esencial en esta parte es la declaracion misma; que los que se califican de careos no fueron sino simples diligehcias de reconocimiento, en las que no podian reseñarse contestaciones y reconvenciones que no ocurrieron (20); que confiando la ley al celo é inteligencia del Juez instructor, la eleccion de los medios lícitos de prueba que entienda ser mas directos y á propósito para la comprobacion del delito y delincuente durante el sumario, no causa nulidad la omision de alguno que pudiera haber sido oportuno, y menos la de aquellos que fueren verdaderamente innecesarios, como lo eran: 1.° la averiguacion del embarque de Cláudio Feliu para Buenos Aires en 1857, y pasaporte que llevaba, porque del sumario aparecia que D. Cláudio Fontanellas no habia salido para aquel punto en Octubre de 1845, que era el importante; 2.° el reconocimiento de ropas y efectos por el procesado, porque no

(20) D. Luis Sala, dependiente de D. Lamberto, AL RATIFICARSE, (fólio 384 vuelto) dijo: «Preguntado por el Juez si se halló presente en la casa de D. Lamberto Fontanellas la noche del 23 de Mayo último *cuando por disposicion de dicho Sr. Juez* dirigió doña Eulalia Fontanellas varias preguntas al procesado, si fué una de ellas la de si habia estado en Madrid y la contestacion que diera dicho procesado, contestó. Que se halló presente en la ocasion porque se le pregunta y hecha la que se indica por D. Antonio de Lara, contestó el procesado que no habia estado en Madrid.»

La Audiencia dice «que no podian reseñarse *contestaciones* y *reconvenciones que no ocurrieron.*» ¿En qué quedamos? ¿Hemos de creer al Juez ó á la Audiencia? Si nos decidimos por la Audiencia, no es cierto que haya ocurrido esa contestacion que se atribuyó al procesado mucho tiempo despues del careo con su hermana; y algo quiere decir que ni la Audiencia ni el mismo Juez que supone esa contestacion, la hayan mentado siquiera entre los cargos que resultan contra el procesado. Y si la contestacion fué real y efectiva ¿por qué no se consignó en el acto del careo y se aguardó á que viniera por el Juzgado mucho tiempo despues un dependiente de don Lamberto, para preguntarle lo que habia contestado D. Cláudio á las preguntas que se le hicieron la noche del 23?

ha negado despues que fuesen suyos, ni ha alegado la ocultacion de ninguno: 3.° el reconocimiento por el mismo del libro copiador que presentó D. Lamberto Fontánellas para el cotejo de letras, porque tal copiador era innecesario al efecto, y la diligencia la practicaron además los maestros revisores con la carta de fólio 33, reconocida por el procesado como indubitada de D. Cláudio Fontanellas: 4.° no haber proveido la averiguacion de los documentos y diplomas que trajo este anteriores al año 1858; porque interrogado sobre ello, si bien dijo haber traido mas de uno, ni resulta de su contestacion cuál fuese, ni lo ha dicho nunca, ni lo ha probado, ni siquiera articulado (21): 5.° y últimamente, que no puede ser causa de nulidad que la familia Feliu viese

(21) D. Lamberto Fontanellas (fólio 70). «Preguntado si su hermano don Cláudio ha traido pasaporte y algunos papeles, dijo: Que no sabe si trajo pasaporte, pero sí algunos diplomas como militar al servicio de la República Argentina.»

D. Francisco Juan Martí, (fólio 72). «Preguntado si la persona llegada á casa de D. Lamberto Fontanellas ha traido pasaporte y algunos papeles, dijo: Que no sabe trajese pasaporte, pero sí algunos papeles ó diplomas como militar al servicio de la República ó Confederacion Argentina.»

Escrito de 10 de Marzo de 1862:

«Es el quinto fundamento : Que preguntado D. Cláudio por el Juez en 2 de Junio (foja 167) «si al embarcarse en América para Barcelona pertenecia al ejército de aquel pais y si en tal caso obtuvo licencia para ausentarse,» respondió, «que servia á las órdenes del General Urquiza, *de quien obtuvo licencia por tres meses, la cual debió estraviársele á bordo, pues no la habia encontrado,»* (vuelva á leerse el texto de la sentencia), y preguntado «si habia traido algun documento público cuya fecha sea anterior á la de 22 de Julio de 1858 que tiene el diploma que ocupa la foja 113.» respondió «que en su poder no tenia documento alguno anterior á la fecha que se expresaba, pero traia mas de uno que debieron quedar á bordo y algunos otros efectos al desembarcar el 15 de Mayo.» El Juez debió proveer desde luego sobre la averiguacion de todos aquellos documentos anteriores á la fecha del diploma (foja 113), toda vez que el procesado contestó en la prision «que trajo mas de uno y trajo tambien efectos que debieron quedar á bordo» ignorando que su hermano D. Lamberto los hubiese recogido y presentado al Juzgado, y que habia el mismo D. Lamberto hecho la entrega de los papeles y de los efectos tres dias despues de su prision; y con tanta mas razon debió proveer la averiguacion, porque habiendo sido preguntado D. Lamberto (foja 70) por el mismo Juez «si su hermano Cláudio habia traido pasaporte y algunos papeles etc.,» .....*cuya falta deja tambien entrever otro de los motivos de presumir parcialidad en el Juez.»*

al procesado por una rejilla en el acto del reconocimiento, porque sobre no ser este un modo reprobado y sí lícito y usual en todos los Juzgados de Barcelona, existian consideraciones de ley y de prudencia que así lo ordenaban, y porque basta para la prueba probatoria del acto que se practicara, y que la familia Feliu pudiese verle, y contra la práctica del acto y aquella posibilidad nada se ha probado ni intentado probar (22).

Considerando que en la conviccion de no ser dable sostener, dentro del círculo legal y de las buenas prácticas, la verdad de los vicios imputados al sumario, se ha recurrido al medio ilícito de presentarle ante la consideracion judicial y extrajudicial como el resultado de una confabulacion tenebrosa organizada por la familia Fontanellas, conocida por el Juez instructor, y realizada por todos, á sabiendas y de acuerdo con los testigos, para usurpar al procesado su haber hereditario y la sucesion al Marquesado de Fontanellas; que la imputacion de tan grande delito carece, no obstante, de raíz y apoyo en el proceso (23), pues sobre ello nada se ha justificado, ni articulado nada para

(22) Para probar que los consortes Feliu no habian visto bien al procesado, lo mas eficaz hubiera sido hacer que volvieran á verle sin estorbo de rejas y telas metálicas.

Al escrito pidiendo se mandara comparecer á Joaquin Feliu, Joaquina Fontanills y Cármen Feliu, residentes en San Gervasio, para que se ratificaran en presencia del procesado, en 3 de Setiembre (fólio 431), proveyó el Juez que se librara exhorto al Juzgado de las Afueras para (hacer allí) dicha ratificacion (fólio 434). Habiéndose pedido que al procesado se le condujera á la presencia del Juez de las Afueras, para asistir á la ratificacion, el Juez lo negó en auto de 10 de Setiembre (fólio 440). Se pidió asimismo (fólio 441) que el Juez contraexhortase al de las Afueras para que permitiera al Letrado hacer repreguntas, y el Juez proveyó en 19 de Setiembre (fólio 443): que atendido á que el Juez de las Afueras era competente para admitir ó negar las repreguntas, se le oficiara con testimonio del escrito para proveer. Resultado, que ni D. Cláudio ni su Patrono presénciaron la ratificacion.

Toda esta irregularidad se funda en la diligencia obrante al fólio 384 vuelto, donde dice el Alguacil, que no ha podido citár á D. Joaquin Feliu, doña Joaquina Fontanills y doña Cármen Feliu, *por hallarse enfermos en San Gervasio ó*, como si digeramos, extramuros de Barcelona.

(23) Gerardo Rodés (fólio 73) «Además debe hacer presente que á consecuencia de los rumores que han circulado estos últimos dias sobre la identidad del D. Cláudio venido á esta ciudad y casa de D. Lamberto Fontanellas el 15 del actual, *de acuerdo con este y á su solicitud*, ayer, á eso de las dos y

justificarlo; que sin embargo, se ha consignado de una manera explí-

cuarto de la tarde, el declarante D. Gabriel Romeu y D. N. Coll estuvieron en una de las piezas del edificio de la fundicion perteneciente á la sociedad de Navegacion é Industria que existe en la calle de la Alegría de la Barceloneta...... y en efecto, *habiendo pasado por allí cerca el antedicho D. Cláudio con D. Lamberto Fontanellas, D. Eusebio Golart y D. N. Rosich*, apenas le divisaron los dichos Romeu y Coll, sin vacilar y en el mismo momento lo reconocieron por el D. Cláudio Feliu y Fontanills, etc.»

D. Antonio Coll (fólio 76 vuelto), «que ayer mañana *se le presentó D. N. Subirana, cajero de la casa del D. Lamberto Fontanellas para pedirle noticias* del indicado Cláudio Feliu y Fontanills, y como le manifestase cuanto tiene expuesto, *hubo de pedirle si en obsequio á dicho Sr. Fontanellas* se prestaria á concurrir á las dos de aquella tarde á una pieza del edificio de la fundicion llamada *Nuevo Vulcano*, para ver á un jóven *que iria en compañía del propio Sr. Fontanellas* y manifestar si era el mismo Cláudio Feliu y Fontanills de quien ha hablado. Efectivamente, á eso de las dos de la tarde hallándose el testigo detrás de los cristales de una pieza de dicha fundicion junto con D. Gabriel Romeu y D. Gerardo Rodés, *vió pasar por las inmediaciones á D. Lamberto Fontanellas* y al que se titula D. Cláudio Fontanellas su hermano segun le expresaron, acompañado de otros dos sugetos, etc.»

D. Lamberto Fontanellas (ratificacion):

«Repreguntado si es cierto que el dia que el D. Cláudio llegó á esta ciudad le hizo acompañar al teatro por el cajero Subirana, dijo que le parece que sí.»

«Repreguntado si es cierto que D. Cláudio y D. Eusebio Golart fueron el dia 16 de Mayo último á la fundicion del *Nuevo Vulcano* antes de las cuatro de la tarde en que D. Cláudio y el testigo habian convenido se encontrarian á esta hora para ir á pasear, dijo; «que por manifestacion de Golart y del mismo procesado, sabe estuvieron en la fundicion uno de los dias en que el último permanecia en la casa del testigo, que no puede determinar cómo, ni tampoco si para las cuatro de la tarde del mismo dia habian convenido con dicho procesado el ir á paseo.»

Diligencia de la madrugada del 24 de Mayo de 1861:

«Habiendo manifestado D. Lamberto Fontanellas haber recibido un parte telegráfico de su hermana doña Eulalia Fontanellas de Lara anunciándole que debia llegar dentro de una hora, esto es á las dos de la madrugada, acordó el Sr. Juez esperar su llegada para continuar las diligencias.»

Añádase á esto el suelto de *El Contemporáneo*, denunciando como criminal á D. Cláudio Fontanellas cuando este vivia tranquilamente en casa de su hermano, y el suelto de *El Telégrafo de Barcelona* del mismo dia de la prision, atribuyendo á D. Cláudio inexactitudes y errores en que no había incurrido; y los testigos convocados por D. Lamberto, y la lista de nuevos testigos dada por él mismo como, se puede ver en la nota 15, etc. etc. etc.

cita en el escrito de defensa en segunda instancia (24); que además se ha dado á este escrito una publicidad indebida por medio de la imprenta,

(24) Escrito de mejora de apelacion:

«4.º *otrosí* digo: Que algunos de los testigos que han declarado en el término de prueba sobre la identidad de la persona de D. Cláudio Fontanellas, y de los que han declarado no ser el procesado Cláudio Feliu y Fontanills, *han manifestado que en sus declaraciones no están expresadas todas las circunstancias que ellos dijeron:* y además ha llegado á noticia de mi patrocinado que hay otros muchos que constándoles la identidad de D. Cláudio Fontanellas, podrán poner en total evidencia la verdad entera que el Tribunal debe saber para pronunciar su fallo. Por lo mismo pido tambien como parte de la prueba propuesta por ser pertinente, y

»A V. E. suplico se sirva acordar la ratificacion de los testigos que han declarado en el término de prueba, sobre la identidad del uno y el otro Cláudio, y que sean admitidos además á declarar los que han llegado á nueva noticia, por el capítulo siguiente:»

Como ya se deja comprender, la ratificacion de los testigos que habian declarado en el término de prueba, traia consigo el descubrimiento de todas las omisiones. inexactitudes y demás abusos cometidos por el Juez; porque las *insinuaciones maliciosas* de que se habla anteriormente, acabaron por una consignacion explícita del delito, como se dice en este considerando. A pesar de todo. la Audiencia, en 24 de Julio de 1862 decretó:

«No há lugar á la prueba solicitada por los defensores del que se titula don Cláudio Fontanellas en los 1.º, 2.º, 4.º..... otrosíes de su escrito de 25 de Junio último.»

Denunciado el abuso y negada la prueba. el Licenciado Nieva fué conducido á la cárcel y ha sido condenado en primera instancia á la pena de veintisiete meses de prision correccional y multa de 400 duros, precisamente por haber *articulado é intentado justificar* la culpabilidad del Juez, y especialmente el abuso á que se refiere el 4.º otrosí, cuya prueba se habia denegado, como puede verse por el siguiente considerando de la sentencia condenatoria de 13 de Noviembre de 1862:

«Considerando que consistiendo las injurias, tanto en expresiones como en acciones, y pudiendo cometerse de palabra ó por escrito, con publicidad ó sin ella en deshonra, descrédito ó menosprecio de la persona á quien se dirigen, constituyen el referido delito, *la parcialidad* que se atribuye al Juez Larraz en la instruccion de un sumario figurando la existencia de delitos imaginarios y un reo, *la cohibicion ejecutada con los testigos, la inexactitud al redactar los dichos de estos;* siendo de naturaleza grave las dichas injurias por lo que perjudican la fama y crédito del referido Juez, y por razon de la persona de este, y circunstancias á que aquellas se refieren.»

publicidad que necesariamente debia conducir á falsear la opinion , á difundir la alarma en todas las regiones , y mas particularmente á calumniar á una autoridad judicial en el ejercicio de su cargo (25).

(25) *El Telégrafo de Barcelona* , número 4,955, correspondiente al miércoles 19 de Junio de 1861 , dijo lo siguiente: «La importancia que ha dado el público á la causa que se está siguiendo en esta ciudad en el Juzgado del distrito de Palacio sobre supuesta reaparicion de D. Cláudio Fontanellas, y que ha sido por muchos dias objeto de todas las conversaciones y de los mas contradictorios rumores, nos mueve á copiar la siguiente acusacion fiscal, en la que se hallan claramente expresados todos los hechos que arroja el sumario.» Sigue la acusacion.

En un suplemento al mismo diario, correspondiente al miércoles 3 de Julio de 1861, hay un remitido que dice asi: «Sr. Director de *El Telégrafo*. Muy señor mio: Habiéndose dado publicidad al escrito del Sr. Promotor Fiscal relativo á la causa que se me está siguiendo sobre usurpacion de estado civil, es de toda justicia que se someta asímismo al Tribunal de la opinion pública cuanto pueda alegar para probar la identidad de mi persona. Espero, pues, de su imparcialidad que se servirá continuar en las columnas de su apreciable periódico, bajo mi exclusiva responsabilidad, la siguiente defensa arreglada á mis instrucciones. Se lo agradecerá S. S. S. Q. B. S. M., Cláudio Fontanellas.» Sigue la defensa.

En el *Diario de Barcelona*, número 2,085, correspondiente al dia 7 de Marzo de 1862, se lee lo siguiente: «Hemos tenido ocasion de leer el razonado cuanto brillante y extenso dictámen formulado por el Sr. D. Críspulo Gomez de Laserna, Teniente Fiscal de esta Audiencia territorial, en méritos de la causa criminal ya instruida y fallada por el Sr. Juez del distrito de Palacio, sobre usurpacion del estado civil de D. Cláudio Fontanellas. El Ministerio Fiscal ha dado á su escrito una extension sumamente lata, movido tal vez mas por la celebridad que se ha querido dar á dicha causa, que por la importancia de la misma, y ha formulado un escrito notable, sea cual fuere el aprecio que haga del mismo el Tribunal superior que debe pronunciar el fallo y cuya opinion no debemos ni podemos prejuzgar.»

«El Fiscal de S. M. acepta el concepto de probado, dice, hasta el exceso «de que el procesado es D. Cláudio Feliu, que permaneció en Barcelona hasta el año 1856 ó principios del 57.» Es necesario, añade, reconocer la falsedad en que han incurrido los testigos nombrados en la última parte del fallo apelado, asegurando unos terminantemente de propia ciencia que es Fontanellas y no Feliu, y diciendo otros, sin dudar, que le conocieron en el Continente americano en los años 51, 52 y 55. Cree que quizá estos testigos explicarán á su tiempo sus declaraciones y dejarán conocer la causa de su error, pero que esto solo puede tener lugar en el juicio correspondiente; exigiendo los caractéres

Considerando que el modo y tiempo como ha venido á iniciarse en esta causa el hecho del supuesto envenenamiento del procesado en la casa de D. Lamberto Fontanellas, en la madrugada del 24 de Mayo de 1861, revelan que tal envenenamiento es otro recurso extremo é ilícito de la defensa, inventado para derramar sobre el sumario un tinte misterioso que sublevara las conciencias, haciéndolas dudar hasta de lo mismo que confiesa y perjudica al procesado; que el Tribunal, llenando su verdadera mision, ni pudo ni debió admitirle á prueba, y sí limitarse, como lo hizo, á autorizar su denuncia como delito, porque su falsedad aparecia evidente y conocido lo malicioso de su orígen, atendiendo á que la primera indicacion de este hecho como envenenamiento se hacia en los autos á los trece meses despues del dia de la supuesta comision (26), y mas principalmente á que segun los reglamentos

marcados de falsedad que ofrecen sus declaraciones, que se saque testimonio de las mismas y se proceda con arreglo á derecho para que la justicia quede vindicada.—Vistos los artículos del Código penal 394, 56, 40, 74, reg. 3.ª, los que se refieren á la responsabilidad civil y el 390, entiende el Fiscal que puede la Sala servirse confirmar en todas sus partes el fallo consultado y apelado, con las declaraciones, penas y pronunciamientos que contiene.»

Al proponerlo así el señor Fiscal, cree deber llamar la ilustrada y superior atencion acerca del celo desplegado por el Promotor Fiscal del distrito de Palacio D. Gabriel Coca, y la actividad, inteligencia y rectitud con que el señor Juez del distrito D. Francisco Larráz, ha sabido conducir las actuaciones trabajosas, dice, y difíciles como todas las de su clase, y expuestas mas que ninguna á los embates de enconos y pasiones.»

«La causa se halla ahora comunicada al defensor del procesado.»

El escrito de mejora de apelacion, cuya publicidad se censura en la sentencia, es de 25 de Junio de 1862, y por tanto, posterior á las indicadas publicaciones.

(26) Auto de prision : 24 de Mayo de 1861.

Primer traslado que se confirió al procesado despues de alzada la incomunicacion : 18 de Junio de 1861.

Escrito de defensa suscrito por el Licenciado D. Pelegrin Pomés y Miquel y por el Procurador D. Tomás Plá : 2 de Julio de 1861. En este escrito se lee lo siguiente:

«Antes de ocuparnos extensamente de la relacion facultativa de los médicos, debemos hacer presente á V. S. que mi patrocinado, la misma madrugada en que fué conducido á la cárcel, pocos momentos antes de salir de la casa en que nació, bebió un vaso de agua con un azucarillo, vaso de agua que seguramente contenia todos los males de la caja de Pandora, y digo que contenia todos los

de la cárcel de esta ciudad y Junta auxiliar de las mismas, era imposible que tal hecho á ser cierto hubiera dejado de ser conocido por estas, por el Gobernador civil, Juez de la causa, Comision de visita diaria, facultativo y practicante de la casa, y de este Superior Tribunal por las visitas semanales, debiendo siempre constar registrado

males de la caja de Pandora, porque mi patrocinado no puede atribuir á otra causa el gran trastorno que tuvo en la cárcel, trastorno por el cual hubo de ser conducido á la enfermeria. En este departamento los facultativos encontraron á mi patrocinado, le vieron en el lecho del dolor etc.....»

«24.° otrosi. Desde que mi patrocinado bebió aquel vaso de agua en la noche ó madrugada en que se le redujo á prision, su salud se ha resentido notablemente, y aun hoy dia pierde visiblemente las carnes, por lo que en vista de su estado, mi patrocinado solicita una consulta de médicos á la que asistan el de la cárcel, los del Juzgado y dos ó tres que mi patrocinado tendrá á bien nombrar. Como todo preso, merece las consideraciones de la humanidad,— A V. S. pido y suplico se sirva disponer lo conveniente para que tenga lugar la consulta indicada, y hagan relacion dichos facultativos ante V. S. de lo que creyesen convenir á la salud de mi patrocinado. Es justicia, etc.

Este escrito se publicó en un suplemento á *El Telégrafo de Barcelona* del miércoles 3 de Julio de 1861.

Informe fiscal de 18 de Junio de 1861:

«Embozada y oscura se presenta la solicitud del *otrosi* 24.° y el Juez ha obrado cuerdamente dejando al procesado su libertad de accion para que si no se conforma con la asistencia del médico del establecimiento, oiga y consulte á los profesores que merezcan su entera confianza. Las atenciones del preso y las miras de humanidad se hallan cumplidamente satisfechas.».

Refiriéndose á esta época, dice la Sala en un Considerando que verá el lector mas adelante · «Siendo notoria la pobreza y aun miseria del procesado.»

Escrito de mejora de apelacion de 25 de Junio de 1862, por el Licenciado Nieva, que está hoy en la cárcel pública de Barcelona:

«8.° otrosi digo : Que en el otrosi veintiuno del escrito de dos de Julio de mil ochocientos sesenta y uno se indicó, que mi patrocinado bebió un vaso de agua en casa de D. Lamberto Fontanellas en la madrugada del veinticuatro de Mayo de mil ochocientos sesenta y uno, en que fué reducido á prision, y que su salud se habia resentido notablemente de ello, y por lo mismo pidió una consulta de médicos que reconocieran la causa del resentimiento repentino de su salud y expresasen lo que creyesen conveniente á ella; consulta que no pudo tener efecto porque el Juez la negó, y V. E. confirmó aquella negacion en su Real sentencia de seis de Agosto de mil ochocientos sesenta y uno. Conviene ahora á la defensa de mi patrocinado justificar en la actual instancia, que luego de llegado á la cárcel D. Cláudio Fontanellas, registrado en el libro en los libros de aquella, no obstante lo cual ni resulta queja, ni noticia, ni providencia por quien debia darla ó recibirla, ofreciéndose por toda justificacion el dicho del alcaide cuando ya no lo era, el de su consorte, el de un mozo sirviente y el de un facultativo que no siendo el del establecimiento, ni siquiera pudo visitar al preso sin

de ella como Cláudio Feliu y Fontanills, apareció envenenado, en tanto que, alarmado el alcaide (por aviso de su esposa, la primera en presumir el envenenamiento) de ver los vómitos continuados y las contorsiones que le causaba el ardimiento interior y dolores que padecia, avisó al médico de la cárcel doctor Badía, y observando que continuaba el preso con los mismos vómitos, contorsiones y dolores, sin embargo de los medicamentos que este le recetó, y temiendo por la vida del mismo preso, y por su propia responsabilidad, llamó al médico de su familia D. Joaquin Puig Ferrer y le introdujo á reconocer al preso, no obstante su incomunicacion, y habiéndole este doctor reconocido envenenado, le hizo suministrar inmediatamente, para contrariar los efectos del tósigo, la magnesia y la leche, todo lo cual fué costeado por el mismo alcaide, y suministrado por mano del mozo de la cárcel José Fuentes, á quien dió el alcaide órden de suministrarle los medicamentos y asistirle sin separarse de él, con los que y algun atemperante mas pudo contener y vencer aquella indisposicion violenta. De este hecho se desprende que hubo una mano que suministró el veneno á D. Cláudio Fontanellas, y que precisamente se le suministró en los momentos antes de encarcelarle para que no pudiera ser fácilmente observado y remediado en los dias de la incomunicacion; y que no pudiéndose considerar interés de persona alguna en que muriese Cláudio Feliu, en aquellos momentos, es evidente que el procesado no es Cláudio Feliu, sino otro Cláudio, cuya muerte era interesante para algunas personas de su familia. Y como sobre el hecho y cuantas circunstancias concurrieron en él pueden declarar el alcaide que era D. Francisco Sanz y su esposa doña Antonia (la primera que sospechó el envenenamiento y previno á su marido el medio de conocerlo y librar al preso de la muerte cierta), el médico D. Joaquin Puig Ferrer que le reconoció y recetó los contravenenos y los demás medicamentos análogos, y el mozo José Fuentes que se los suministró y prestó la continua asistencia, propongo como parte de la prueba propuesta por ser pertinente sobre lo mismo, los extremos siguientes:

1.º Como es cierto que luego de llegar D. Cláudio Fontanellas á la cárcel en la madrugada del 24 de Mayo de 1861, en que se le redujo á prision con incomunicacion, apareció envenenado, en tanto que la esposa del alcaide doña Antonia lo sospechó inmediatamente al ver la indisposicion repentina que sintió, y que alarmado su marido al ver los vómitos y las contorsiones que le producian el ardimiento y los dolores que padecia el preso, hizo avisar al médico de la cárcel doctor Badía para que lo visitase como lo realizó.

mandato escrito del Juez de la causa, convenciendo mas y mas la impostura, el no haber denunciado el procesado aquel hecho como delito, á pesar de la autorizacion que para ello le otorgó la Sala.

Considerando que el delito de usurpacion del estado civil de otro, envuelve una cuestion de identidad entre el usurpador y el usurpado, que ha de resolverse en el caso del actual proceso por la comparacion

2.º Que observando el alcaide D. Francisco Sanz que el preso continuaba con los mismos vómitos y contorsiones, y ardimiento y dolores, sin embargo de los medicamentos dispuestos por el doctor Badía, y temiendo por la vida del preso, y por su propia responsabilidad, llamó al médico de su familia, doctor D. Joaquin Puig Ferrer, quien despues de examinar al preso, le reconoció envenenado, y le propinó para contrarestar los efectos del tósigo, la magnesia y la leche, suministradas en abundancia.

3.º Que estos medicamentos fueron suministrados al preso D. Cláudio Fontanellas por José Fuentes, mozo sirviente, á quien el alcaide mandó suministrárselos, con encargo de asistirle sin separarse de su lado.

Por lo que

A V. E. Suplico se sirva recibir tambien á prueba estos extremos, y mandar que sobre los mismos declaren bajo juramento y en forma el alcaide que era de la cárcel D. Francisco Sanz, su esposa doña Antonia, el doctor D. Joaquin Puig Ferrer y José Fuentes, mozo asistente, expresando cada uno de por sí las circunstancias que mediaron en aquel suceso, la enfermedad que padeció y el tiempo que estuvo postrado en cama el preso D. Cláudio Fontanellas, registrado en el libro de entradas con el nombre de Cláudio Feliu y Fontanills. Por ser tan conforme á justicia como lo demás.»

En el informe fiscal de 12 de Julio de 1862, se hace caso omiso de lo articulado en el anterior otrosí.

Real auto de 24 de Julio de 1862. Entre otras cosas se dice lo siguiente:

«Se reserva al procesado la accion que pueda competerle y contra quien haya lugar, para la reclamacion de la carta objeto de los sexto y sétimo otrosíes; en iguales términos se reserva al mismo la accion para *denunciar* el hecho expresado en su 8.º *otrosi*,» que es el reproducido anteriormente.

De modo; que para perseguir á quien en último resultado no hace mas que presentarse como heredero de D. Francisco Fontanellas, basta que el escándalo llegue de cualquier modo á noticia del Juez; porque, como se dice en el segundo considerando de la presente sentencia, este delito «puede perseguirse de oficio *sin necesidad de querella ni prévia denuncia;*» y para formar causa por un envenenamiento, no basta que el hecho llegue á noticia de toda España; la denuncia es de rigor. Pero aun así, ¿por ventura ese envenenamiento no está denunciado hasta la saciedad?

10

de las cualidades indubitadamente constitutivas de la individualidad de D. Cláudio Fontanellas y Sala, dentro de un período de tiempo determinado, con las de igual clase del procesado dentro del propio período; que respecto á D. Cláudio Fontanellas, es conocido como cierto, el que empieza en su nacimiento el dia 15 de Diciembre de 1822, y concluye en 27 de Diciembre de 1845, y dentro de este período son cualidades constitutivas de su individualidad: 1.°, su edad; 2.°, sus cartas; 3.°, la fractura de la pierna derecha por haber caido de un caballo; 4.°, el secuestro de su persona y la duracion de este secuestro; que á este período y estas cualidades añade el procesado otro período, que empieza con la fuga de la cueva de Monjuich, donde dice que le tenian secuestrado los malhechores, y acaba con su regreso á esta ciudad el 15 de Mayo de 1861, y determina como cualidades históricas del D. Cláudio Fontanellas dentro de este período: 1.°, su permanencia por ocho dias en casa de un tal Tomás de la Barceloneta; 2.°, su embarque y llegada á Buenos Aires; 3.°, sus servicios prestados con el nombre de Santiago O'Donnell en el ejército de aquel país, y sus ascensos desde soldado hasta Oficial; 4.°, haberse extendido al Santiago O'Donnell en 1858 el primer despacho de su empleo, con el nombre de Cláudio Fontanellas; y 5.°, que el sugeto conocido antes por Santiago O'Donnell era y es D. Cláudio Fontanellas y Sala.

Considerando que D. Cláudio Fontanellas, el dia 15 de Mayo de 1861, en que el procesado llegó al puerto de Barcelona, debia tener treinta y ocho años y cinco meses de edad, segun su partida de bautismo, cuya edad no tiene el procesado segun sus propias manifestaciones judiciales, extrajudiciales y pruebas del proceso; pues que en el pasaporte que trajo de Buenos Aires consignó treinta y dos, en su declaracion jurada la de treinta y tres, en su indagatoria la de treinta y cinco, los médicos forenses le atribuyen la de veinticuatro á veintiseis, y el médico D. José Puig, testigo á su instancia, la de treinta á treinta y cuatro; que, siendo físicamente imposible que un individuo tenga á la vez dos edades, y no teniendo el procesado la de treinta y ocho y cinco meses que era la de D. Cláudio Fontanellas y Sala, es asímismo un imposible físico que aquel sea este, y que ambos sean una misma é idéntica persona.

Considerando que de la causa resulta y el procesado reconoce que la escritura de la carta de fólio 33 y la firma de esta y la del fólio 35, pieza del inferior, son indubitadas de D. Cláudio Fontanellas y Sala, que los peritos revisores de letras, despues del oportuno cotejo, aseguran que la escritura y firma de aquellas de ningun modo fué hecha y ejecutada por la misma mano que escribió la carta del fólio 117 y sus firmas en los autos. Que si bien los testigos calígrafos suministrados en plenario suponen que hay analogía entre las expresadas cartas y firmas, basta la inspeccion y comprobacion practicadas con buena fé y mediano criterio para comprender que unos y otros documentos se diversifican por la escritura, el lenguaje, el estilo y la ortografía, hasta el punto de no ser posible confundirlos sino por error ó ignorancia próxima á la voluntariedad.

Considerando que en el proceso consta, hasta por confesion en parte del procesado, que D. Cláudio Fontanellas en el mes de Abril de 1844 cayó de un caballo en el camino de Sarriá, y se fracturó el hueso peroné del pié derecho con salida de una esquirla, que produciendo una úlcera, fué cauterizada, y dejó una cicatriz indeleble en aquella parte; que los facultativos forenses no encontraron en la pierna derecha del procesado señal alguna de fractura, ni tampoco determinaron ninguna, los que á su instancia le reconocieron, y que D. Bernardo Tarrell, cirujano de la asistencia y curacion de D. Cláudio Fontanellas en aquella fractura, y testigo del procesado, despues de reconocerle afirma que este no tiene cicatriz ni señal de la fractura ni de la úlcera, y tambien que no es el hijo de Fontanellas, á quien asistió y curó.

Considerando que el secuestro del procesado duró una noche, cuando el de Fontanellas se prolongó por tres meses cuando menos, ó sea desde 25 de Setiembre de 1845 hasta 27 de Diciembre del propio año, fecha de su carta conocida como última de las que dirigió á su padre en aquella situacion.

Considerando que si bien Rosa Poch, testigo del plenario, determinó como señales de D. Cláudio Fontanellas la existencia de una peca en el costado derecho, una ó dos en la parte exterior inferior del brazo derecho, la mala construccion del pecho y el resentimiento de un pié, efecto de dislocacion por caida resbalando en una piedra, sin embargo no resulta justificado que D. Cláudio Fontanellas tuviese otras señales, que este testigo aparece además contradictorio en su dicho, é inexacto en lo relativo á la causa de la que enuncia como dislocacion, y que los facultativos que como testigos del procesado le reconocieron, no solo le encuentran las pecas que aquella determina, sino otras muchas en todo su cuerpo que no menciona, y lejos de contestar la mala construccion del pecho, aseguran tenerle en general bien conformado (27).

Considerando que para aceptar como tipo de identidad entre el procesado y D. Cláudio Fontanellas, los acontecimientos históricos que le atribuyen en el período que empieza con su fuga del poder de los secuestradores y termina con su llegada al puerto de Barcelona el 15 de Mayo de 1861, era indispensable establecer antes como base la posibilidad ó verosimilitud de su realizacion en el mismo, y unir de tal modo el primer período al segundo, que juntos formaran la historia de un solo individuo, y no la historia de dos individuos; que se probara ademas la verdad de los hechos que los constituyen por los justificativos propios y exclusivos de su índole; que se acreditara que tales hechos ocurrieron, al llamado Santiago O'Donnell: que el Santiago O'Donnell se llamó despues Cláudio Fontanellas; que el que se llamó Fontanellas lo era en efecto; y que el que lo era, es el procesado (28).

(27) D. Benigno Armendariz dijo: «El pecho se presenta en general bien conformado; pero las costillas son algun tanto prominentes por su parte anterior, un poquito mas las del lado derecho; de donde resulta al parecer un hundimiento en la parte inferior del esternon.»

D. José Oriol Sola: «el pecho del individuo reconocido presenta alguna depresion en la parte inferior del esternon, producida por la mayor elevacion de las costillas, siendo esta un poco mas pronunciada hácia el lado derecho.»

D. Joaquin Puig Ferrer: «el pecho del individuo reconocido bastante bien conformado, esperimentándose tan solo un aumento de volúmen en las partes laterales que parece da lugar á una inclinacion del esternon á la parte inferior de dicha cavidad.»

(28) Escrito de defensa:

«6.º otrosí. Mi patrocinado ha hecho presente que á últimos del año 1845 llegó á Buenos Aires, que se colocó en casa de D. Ceferino, el que vivia en la calle de la Piedad cerca del Bajo. Asi pues

A V. S. *pido y suplico* se sirva dirigir por el conducto correspondiente exhorto ó lo que proceda al representante de España en la Confederacion Argentina ó en Buenos Aires para que averigüe por los medios que sean mas equitativos segun la legislacion de aquel país, si á últimos de 1845 ó principios de 1846 vivia un D. Ceferino, almacenista en la calle de la Piedad cerca del Bajo y si tuvo de dependiente á un jóven que dijo llamarse Santiago O'Donnell. Es justicia que pido, etc.»

7.º otrosí. Mi patrocinado ha hecho presente que habiendo salido de casa

Considerando que admitiendo el dia 25 de Setiembre de 1845, como fecha del secuestro de D. Cláudio Fontanellas, por ser la que mas favorece al procesado entre las varias que determina, y apare-

del D. Ceferino expresado en el anterior *otrosi*, sirvió en el ejército de aquel país con el nombre de Santiago O'Donnell; que fué soldado hasta el año de 1848, en que ascendió á cabo, habiendo expresado que del 1848 al 1852 fué sargento y que despues de la batalla de Caceros obtuvo el grado de Oficial. Mi patrocinado ha manifestado tambien que su entrada en el ejército de aquel país en el año de 1846 la hizo con el batallon Libertad su Jefe D. N. Costa. Conviniendo á la defensa aclarar hasta donde se pueda los extremos que abraza este *otrosi*

A V. S. *pido y suplico* se sirva dirigir por el conducto correspondiente exhorto ó lo que proceda al representante de España en la Confederacion Argentina ó Buenos Aires para que se digne averiguar *por los medios que sean mas oportunos segun las leyes de aquel pais, cuanto expresa el contenido de este otrosi* y es justicia que pido, etc.

8.º *otrosi.* Mi patrocinado ha manifestado que despues de la batalla de Caceros en Febrero de 1852, llegó á noticia del General D. Justo José de Urquiza que dicho mi patrocinado no era D. Santiago O'Donnell sino D. Cláudio Fontanellas, por cuyo cambio de nombre y apellido, el General Urquiza tuvo encerrado á mi defendido unos veintidos dias en el Cuchillo y amenazó fusilarle sino revelaba su verdadero nombre y apellido. Mi patrocinado reveló en secreto, á su General en Jefe su verdadero nombre y apellido de Cláudio Fontanellas, secreto que guardó el General; y por esto, á mi patrocinado, á pesar de obtener ascensos, no se le entregaron hasta 1858 los despachos ó diplomas de la Milicia. A la defensa y la recta administracion de justicia interesa aclarar los extremos que abraza este *otrosi* y por esto

A V. S. *pido y suplico* se sirva dirigir por el conducto correspondiente exhorto ó lo que proceda al representante de España en la Confederacion Argentina, ó en el punto en que resida D. Justo José de Urquiza, para que por si ó por las autoridades de aquel país, segun proceda, atendido el estado de las relaciones internacionales se reciba declaracion al General D. Justo José de Urquiza, preguntándole acerca de los extremos que abraza este *otrosi* y es justicia que insto etc.»

«22.º *otrosi.* Para evacuar el exhorto ó lo que proceda solicitado en el octavo *otrosi* es conveniente que se acompañe un retrato fotográfico de mi patrocinado, pues si el General Urquiza, como no dudamos asevera las citas hechas por mi patrocinado y se le pregunta si conoceria al que conoció con el nombre de D. Cláudio Fontanellas, en caso de contestar afirmativamente, puédesele presentar el retrato para que diga si el retrato enviado es el de D. Cláudio Fontanellas á quien se refieren las preguntas de dicho *otrosi*.

ciendo de su confesion, que se fugó de la cueva la madrugada del dia siguiente, que permaneció ocho dias en la Barceloneta (4 de Octubre), que trascurridos se embarcó para Buenos Aires (5 de Octubre), que á este punto llegó despues de cuarenta y cinco dias de viaje (19 de Noviembre), y que á estos hechos enlaza los demás que constituyen aquella historia militar, se adquiere la evidencia de que tal historia, si puede ser cierta y pertenecer al hombre que en 4 de Octubre de 1845 se embarcó para Buenos Aires, ese hombre no es D. Cláudio Fontanellas, y que es imposible, y por lo imposible falsa, respecto al mismo; porque de autos consta, y el procesado reconoce, que D. Cláudio Fontanellas, en 26 de Setiembre, en los meses de Octubre y Noviembre y hasta Diciembre de 1845 estaba secuestrado, y escribió las cartas 7 y 27 de dicho mes último, cartas de las cuales una tiene estampada la fecha en el sello del correo interior; que esa historia no le pertenece, y que es inútil en su todo y sus detalles, para admitirla como tipo de identidad entre una y otra persona, siendo esta la primera y esencial razon porque el Tribunal denegó la prueba articulada para justificarla (29).

Considerando que estando confeso el procesado de haber conocido á Gerardo Rodés en casa de un tal Romeu antes de ausentarse para

Además como puede venir el caso de que hayan de recibirse testigos fuera de esta capital y se les haya de preguntar si conocerian ó no á D. Cláudio Fontanellas, no es prudente ni justo que se saque un solo retrato, asi como no seria prudente ni justo que el retrato se sacára con el vestido que lleva mi patrocinado, sino con el vestido que mi patrocinado elija entre las prendas descritas en el inventario del fólio 106. En esta atencion

A V. S. *pido y suplico* que se sirva disponer lo conveniente para que por ahora se saquen doce retratos fotografiados de mi patrocinado entregándosele antes aquellas prendas de uniforme que designe y están en poder del actuario. Cuyos retratos se unirán á la causa para que uno de ellos rubricado por V. S. y el actuario se envíe con el exhorto solicitado en el octavo *otrosi* y los restantes puedan utilizarse siempre que proceda en justicia que insto etc.»

Auto de 3 de Julio de 1861, confirmado por la Audiencia:

«Al 6.°, 7.° y 8.° *otrosíes* no há lugar; sin perjuicio de recibir las declaraciones que se solicitan al D. Ceferino y á D. Justo osé de Urquiza, si oportunamente son presentados como testigos en este Juzgado..... Al 22.° no há lugar.»

(29) Véase la página 104 de la defensa anterior y la nota relativa á este punto.

América, y constando por los dichos de Rodés, Gabriel Romeu, y Antonio Coll, que aquel vino por primera vez á Barcelona en 1850, que empezó á frecuentar la casa de Romeu en 1853, y no conoció al procesado en casa de Romeu hasta fines de 1854, resulta necesariamente falsa asímismo en cuanto á su persona aquella historia de América, siquiera en el período de 1845 á 1854 que estaba en Barcelona, y que esta facultad hace inútil su prueba, y justifica doblemente su negativa.

Considerando que es igualmente falsa, en cuanto á su persona, por las indicaciones que existen en el proceso de ser Cláudio Feliu y Fontanills, y no D. Cláudio Fontanellas como así lo convencen, entre otras, las declaraciones de Antonio Coll, que lo tuvo de aprendiz en su casa despues de 1852, las de Isidro Carbonell y José Palau, que con él trabajaron en 1856 en la fábrica de fundicion de Domenech, y las de Joaquin Feliu y Joaquina Fontanills, Celestino y Cármen Feliu, y la de D. Ramon Feliu, que le reconocen los dos primeros por su hijo, el tercero y cuarto por su hermano, y por su sobrino el quinto; que lo propio hacen comprender las de los facultativos forenses que le asignan la edad de veinticuatro á veintiseis años; las frases consignadas en el borrador de exposicion que escribió en América con posterioridad al mes de Octubre de 1859 pretendiendo volver al ejército, en que decia: «la juventud que forma mi edad al presente» «un individuo jóven;» las declaraciones de los médicos forenses y médicos testigos á su instancia, que le encontraron tener una cicatriz en el dedo anular de la mano derecha, que resultaba haberse estropeado trabajando en la fundicion, y además estos últimos una cicatriz constituida por una piel rugosa en la parte inferior interna de la nalga izquierda, que parece corresponder á la quemadura que sufrió Cláudio Feliu en aquella parte siendo niño.

Considerando que tampoco se ha probado la verdad de los hechos que forman aquella historia de América, ni se ha intentado la debida segun su índole, porque tratándose de acontecimientos en la carrera militar, que deben estar registrados en las oficinas del país en que ocurrieron, la prueba escrita y documental era la propia y única, ó cuando menos indispensable como principio de ella para justificarlo, no la de testigos sola y como principal lo que fué otra razon de su negativa (30).

(30) Véase el 7.º otrosi de la nota 28 y además la nota 31.

Considerando además que tal historia aparece falsa en todos sus detalles hasta el año de 1857, comprendiéndose que ha sido inventada con el fin exclusivo de llenar el vacío desde 1845 hasta aquel año, recurriendo al doble supuesto del cambio del verdadero nombre por el de Santiago O'Donnell, y al de no haberse extendido ningun despacho con el de Cláudio Fontanellas hasta 1858, época en que ya Cláudio Feliu podia estar en América y servir en el ejército de Buenos Aires en clase de oficial de artillería ó de marina.

Considerando que tal falsedad la convence: 1.º La razon que dice el procesado le indujo á expatriarse despues de su fuga de la cueva; porque ni del proceso resulta que D. Cláudio Fontanellas tuviese motivo para presumir que el secuestro fuese obra de su padre, ni que esta fuese su creencia, ni aquellos sus propósitos cuando obtuviese la libertad, y si al contrario, segun su carta de 27 de Diciembre de 1845, que su deseo y decidida intencion era volver á la casa paterna. 2.º No indicase motivo alguno para cambiar su nombre con el de Santiago O'Donnell. 3.º Su afan de impedir toda prueba que evidenciase la falsedad de lo relativo al buque y capitan, que le condujo á América, pues de este dijo que habia muerto y de aquel que se habia perdido en las costas de Africa, y si bien designó los nombres de uno y otro, por las pruebas practicadas de oficio resulta, que en aquella época no salió buque para Buenos Aires con tal nombre ni tal capitan. 4.º No haber usado el apellido Fontanellas en América, pues sobre estar de acuerdo en que no le usó oficialmente hasta 1858, se observa enmendado el apellido en su diploma de Alférez que dice haber recibido como se encuentra y que de ningun modo dice *Fontanellas* (31), que en el borrador de exposicion, àntes men-

(31)   Escrito de defensa:

«9.º *otrosi.*   En atencion á que el diploma militar ó despacho aparece en su primitiva redaccion extendido á favor de D. Cláudio Fontanellas y despues torpemente adulterado, haciendo decir Fontanills; por esto, ya para averiguar en su dia quién ha hecho la adulteracion, ya porque asi conviene á la defensa.

A V. S. *pido y suplico* se sirva mandar desglosar de los autos el diploma, quedando de él copia fehaciente, y con un exhorto ó lo que proceda, remitirlo por el conducto correspondiente al representante de España en Buenos Aires, á fin de que reclame de las Autoridades de aquel país, segun proceda en el estado de nuestras relaciones internacionales, *el cotejo de dicho diploma con el expediente ó antecedentes que existan,* manifestándole que no descui-

cionado, él mismo no se titula *Fontanellas*, sino *Fontanillas*, y Fontanillas se lee tambien en el pasaporte ó pase militar de 20 de Setiembre de 1859. 5.º La falsedad de los motivos que expone para permanecer en América despues de saber el fallecimiento del padre de D. Cláudio Fontanellas, ó sea que *ocupaba una posicion brillante*, porque en la ya dicha exposicion posterior, á Octubre de 1857 consigna *«Que el haberse dado de baja* (en el ejército) *le ha reducido á una extrema miseria* y *«que quiere buscar un porvenir menos azaroso que el presente,»* lo cual prueba que en efecto en 1857 se encontraba reducido á la miseria; y lo confirma haber recibido quinientos reales prestados por el capitan del buque durante la travesía, y algunas camisas para poder mudarse, y que ya en la casa de don Lamberto hubo de darle este tres napoleones para el bolsillo.

Considerando que asímismo aparece inverosímil y conjuntamente falsa la expresada historia, en todo su período desde el secuestro hasta su embarque para Buenos Aires: 1.º Porque habiendo tenido lugar la desaparicion de D. Cláudio Fontanellas la tarde del dia 19 de Setiembre de 1845, el procesado en carta á D. Lamberto desde el paquete *Puerto-Rico*, la fija en el año 1848, y luego en 1846 en su primera declaracion, y despues en otra en 25 de Setiembre de 1845 ó 1846. 2.º Porque supone que los secuestradores eran indivíduos de la ronda de Tarrés y que les conoció por la chapa que llevaban en la gorra, y consta oficialmente que esta ronda fué creada en 1848, y como secreta no usaba de signo exterior que la diera á conocer al público. 3.º Porque dice que los secuestradores le hicieron firmar un papel al entrar en la cueva, pidiendo mil onzas á su padre, y sin embargo resulta que no fué sino dos cartas y aun tres, segun el contesto de aquellas y en fechas diferentes las que dirigió D. Cláudio Fontanellas á su padre, que en ninguna fija en mil onzas el precio del rescate. 4.º Porque despojado, como dice lo fué, del calzado y levita por los malhechores, custodiado por cuatro

de hacer constar cualquier diferencia que se note en el apellido de Fontanillas, Fontanullas ó Fontanulls. Es justicia que insto etc.»

«Auto de 3 de Setiembre, confirmado por la Audiencia:

«Al 9.º *otrosi* no há lugar por aparecer de la declaracion prestada por el procesado al fólio 96, que recibió en Buenos Aires, tal cual se hallaba al rendir dicha declaracion y al parecer se halla en el dia, ó sea con la adulteracion ó enmienda que se observa en el apellido de la persona á cuyo favor fué expedido en 22 de Julio de 1858, el diploma obrante al fólio 113 etc.»

de ellos, colocados dos á cada lado, y teniendo á la vista aquel cadáver en estado de descomposicion que expresa habia en la cueva, es hasta inverosímil, no solo que lograse la fuga, pero ni siquiera que la intentara. 5.° Porque lo es asímismo, que conocedor que lo era del terreno, se dirigiera á Sans para ir á la Barceloneta, que ocupa una posicion topográfica enteramente opuesta á la de aquel pueblo, y tambien que todo este trayecto lo recorriera, al parecer, descalzo y en mangas de camisa, sin que hablara con nadie ni llamara la atencion de nadie al verle cruzar aquellos caminos y en horas tan intempestivas, y en situacion tan irregular y extraña. 6.° Porque no consta en cita ningun Tomás de la Barceloneta, conducido á este arrabal por órden del Juez de primera instancia, y habiendo designado la casa del número 93 de la calle de San Miguel, la habitada por aquel Tomás, en donde se albergó despues de fugarse de la cueva, consta que nunca desde 1845 la habia habitado ninguno que tuviera este nombre.

Considerando que á tantas y tan robustas pruebas de inverosimilitud, de falsedad y de imposilidad física de ser el procesado don Cláudio Fontanellas y Sala se agregan el empezar la carta que dirigió á D. Lamberto Fontanellas desde el paquete *Puerto-Rico* con el término ó título de cortesía *al Sr. D. Lamberto* y concluirla con la fórmula no menos cortés de S. S. S., término y fórmula impropios é imposibles en una carta del hermano al hermano; su ignorancia de la verdadera edad de D. Cláudio Fontanellas; no enumerar entre los individuos de la familia, á doña Francisca, hermana de D. Cláudio: ignorar el apellido de la que supone ser su madre, cuándo por él fué interrogado, y no una sino dos veces y en fechas distintas; y mas que todo, observár como en esta causa se observa que habiendo permanecido en casa de D. Lamberto por mas de siete dias en plena libertad, con independencia absoluta, y de haber recorrido durante ellos las calles, los cafés, los paseos, los teatros y demás sitios públicos de la ciudad, tiempo y ocupacion sobrado á propósito para reanudar sus relaciones anteriores al secuestro y hacer reminiscencia de todos los acontecimientos de familia, de todos los actos del tiempo de su infancia y adolescencia, sin embargo durante el sumario nada cita, nada refiere, y á nadie invoca para defender el nombre y posicion social que se le insta, ó permanece mudo ó quedan desmentidos sus asertos en el punto esencial de su identidad.

Considerando que examinada y apreciada la fuerza probatoria de las declaraciones de los testigos del sumario y plenario relativas al hecho de ser ó no el procesado D. Cláudio Fontanellas y Sala, segun el criterio que establece la ley 40, título 16, Partida 3.ª (32), y atendiendo á que la verosimilitud de la gran base de la veracidad del testimonio y de su perfecta concordancia con los resultados de las demás pruebas de la causa, la garantía más fuerte de su credibilidad, debe entenderse que han dicho la verdad aquellos que directa ó indirectamente niegan que lo sea.

Considerando que por todo ello existe la evidencia moral que requiere la ley 12, título 14, Partida 3.ª (33) de que el procesado fingiendo ser el D. Cláudio Fontanellas y Sala, hermano de D. Lamberto, desdesaparecido en Setiembre del año 1845, se introdujo en la casa de este, comió y durmió en ella por siete dias, obtuvo que abonar á D. Feliciano Roig, capitan del buque *Puerto-Rico*, ciento setenta y cinco duros por su pasaje y préstamo desde América á esta ciudad, percibió además tres napoleones para sus gastos particulares, se presentó en las calles, paseos y sitios públicos como tal hermano, usando y disfrutando de todos los derechos y consideraciones anejas á semejante posicion, y por ello que consumó el delito de usurpacion de estado civil de D. Cláudio Fontanellas y Sala, sin que concurrieran en el hecho circunstancias agravantes ni atenuantes que deban apreciarse.

Considerando que no procede hacer en esta causa declaracion

---

(32) La ley 40, tít. 16. Part. 3.ª, concluye de este modo:

«E si por auentura fuesse igualeza en los testigos en razon de sus personas, e de sus dichos, porque tambien los vnos como los otros fuessen buenos, e cada vno dellos semejasse que dizen cosa que podria ser; entonce deuen creer los testigos que se acordaren, (*que estubieren acordes*) e fueren mas, e judgar por la parte que los aduxo. E si la prueua fuesse aducha en juyzio, de manera que fuessen tantos de la vna parte como de la otra, e fuessen iguales en sus dichos, e en su fama; entonce dezimos, que deue el Juzgador dar por quito al demandado (*absolverlo*) de la demanda que le fazen, e non le deuen empecer los testigos que fueren aduchos contra el: porque los Juzgadores siempre deuen ser aparejados, mas para quitar al demandado que para condenarlo, quando fallassen derechos razones para fazerlo.»

(33) La ley 12, tít. 14, Partida 3.ª dice:

«Ca derecha cosa es, que el pleito que es movido contra la persona del ome ó contra su fama, que sea probado, e averiguado *por pruebas claras como la luz en que non venga ninguna dubda.*»

alguna respecto al estado civil de Cláudio Feliu y Fontanills, ni por ello calificar criminalmente las declaraciones de los testigos que directa ó indirectamente afirman que no lo es el procesado; y que en cuanto á los que de ciencia propia aseguran que es D. Cláudio Fontanellas y Sala, atendida la naturaleza del hecho sobre que recae esta afirmacion, tiempo trascurrido desde que el Fontanellas desapareció de la casa de sus padres y demás circunstancias respecto al modo como el procesado se introdujo en la de D. Lamberto, no resultan méritos para presumir por ahora que al prestar aquellas declaraciones hayan obrado á sabiendas y con malicia.

Considerando que, sin embargo, debe llamar muy particularmente la atencion del Tribunal el extraordinario movimiento y multiplicados recursos desplegados en el plenario de esta causa para suministrar una prueba testifical en escala muy extensa, y en parte sobre hechos cuya sola publicacion revela la fácil disposicion de grandes medios y hasta el carácter ilícito de estos; que siendo notoria la pobreza y aun miseria del procesado, ha subsistido y subsiste en la cárcel con la decencia, bienestar y dispendios solo posibles en personas acomodadas; que asímismo deben haberse ocasionado muy crecidos, con la impresion en forma de folletos de todos los escritos é informes de su Abogado en segunda instancia; que en su defensa oral y asistencia al acto de la vista por seis dias se ha desplegado un aparato no menos ostentoso que calculado; que de una manera ficticia se ha producido una alarmante agitacion en las masas, jamás conocida por asuntos judiciales, y que en determinados momentos llegó á presentarse con un carácter grave é imponente; que todo convence el estudiado afan de extraviar la opinion, concitar los ánimos contra instituciones sagradas, ejercer presion y fuerza, y obtener el triunfo del procesado de todos modos sin excusar ninguno, y asímismo la existencia de un centro de direccion, cuya base no es la caridad, sino el lucro, ó mas bien el propósito de borrar las huellas que pudieran producir el descubrimiento de los autores del secuestro y presunto homicidio de D. Cláudio Fontanellas; y que en uno y otro caso importa aprovechar en bien de la justicia, cuantas indicaciones resultan del proceso.

Considerando que las explicaciones y protestas de D. José Indalecio Caso, defensor del procesado, respecto á las palabras que pronunció en el acto de la vista y parecieron ofensivas al defensor de don Antonio de Lara, Marqués de Villamediana, fueron bastantes y cumplidas á juicio del Tribunal á efecto de que por ellas no debe tenerse por injuriado, y que respecto á las consignadas en el escrito de defensa de primera instancia y por las cuales pidió y obtuvo autorizacion para querellarse de injuria y calumnia contra quien procediera, no pueden reputarse ofensivas las que tienen por objeto tacharle como testigo y como tacha se articularon en el décimo octavo otras del expresado escrito.

Vistos los artículos 394 y 74, regla 1.ª, 78, 56, 25, 115, 118, 48 y 390 del Código penal.

Fallamos: Que debemos revocar y revocamos la sentencia apelada y consultada que dictó el Juez de primera instancia del distrito de Palacio de esta ciudad en 28 de Diciembre del año pasado de 1861: Condenamos al procesado por esta causa que se titula Cláudio Fontanellas y está registrado en el libro de presos con el nombre de Cláudio Feliu y Fontanills, en nueve años de presidio mayor, inhabilitacion absoluta, perpetua, para cargos públicos, y sujecion á la vigilancia de la autoridad por igual tiempo de la condena, que empezará á contarse desde el cumplimiento de la misma; á que abone á D. Lamberto Fontanellas ciento setenta y cinco duros de una parte, y de otra tres napoleones, ó sean cincuenta y siete reales vellon, y en todas las costas y gastos de juicio: declaramos no haber lugar á conceder la autorizacion que solicitó en el acto de la vista el Abogado de D. Antonio de Lara, Marqués de Villamediana, para querellarse este de injuria y calumnia contra D. José Indalecio Caso, defensor del procesado, por las palabras que vertió en su informe oral y determinó aquel como injuriosas y calumniosas; pero sí para querellarse de injuria contra quien corresponda, por la que puedan contener las frases consignadas en el fólio 253, pieza de primera instancia y párrafo del mismo que empieza: *En el testigo de D. Antonio de Lara*, hasta donde dice *los bienes de la herencia*, y en lo demás. Mandamos que luego que esta sentencia cause ejecutoria, se saque copia certificada del escrito fólio 325 del rollo, y con un ejemplar impreso del mismo de los enviados á domicilio á los Magistrados que componen esta Sala, se remita al Juez decano de los de primera instancia de esta ciudad, y por el que corresponda se proceda á lo que haya lugar en justicia contra el autor ó autores de los expresados escrito é impreso en cuanto al desacato que puedan contener respecto al Juez que instruyó el sumario; sáquese una copia literal de toda la causa con citacion de las partes, calcografiándose las cartas de los fólios 33, 35, 117, 398, el borrador de exposicion, fólio 108, y los seis renglones escritos por el procesado al fólio 389, todo de la pieza del inferior, y se remita con la certificacion al Juez de primera instancia del distrito de Palacio, para que teniendo muy presente el contenido de uno de los considerandos de esta sentencia, el de los hechos propuestos á prueba bajo los números 1.º al 8.º del primer otrosí del escrito de defensa en esta segunda instancia y demás que de aquella se desprende, desplegando el mayor celo, aprovechando el del Promotor Fiscal y cuantas noticias pueda adquirir, procure la averiguacion de los medios de carácter ilícito que hayan podido emplearse para allegar recursos con que ocurrir á los gastos de defensa del procesado en el modo como aquí parece sostenida, ó de la persona que los haya proporcionado, con la razon, condiciones, móvil y fin que á ello le haya impulsado; los empleados asímismo para extraviar la opinion y producir la efervescencia en los ánimos que con tanto escándalo ha presenciado Barcelona en los dias de la vista, con lo demás que le sugiera su buen criterio á efecto de descubrir el centro de direccion que necesariamente debe haber existido para ello, y segun los resultados proceda en su caso contra los que por sus actos aparezcan verdaderos cómplices del titulado Cláudio Fontanellas en el delito de usurpacion del estado civil de D. Cláudio Fontanellas y Sala, ó iniciados como autores ó cómplices del secuestro ó presunto homicidio de este, formando si conviene sobre ello las oportunas piezas separadas; y hecho, remítanse los autos originales con las debidas precauciones al Tribunal Supremo de Justicia como lo tiene ordenado. Expídase el despacho oportuno al Juez de primera instancia del distrito de Palacio de esta ciudad para la notificacion personal de esta sentencia, debiendo devolver las diligencias que lo acrediten para su union al rollo. Y por esta nuestra sentencia definitiva de vista, así lo pronunciamos y mandamos.=Benito Serrano y Aliaga.=Mariano de Latre.= Vicente Ferrer.—Eusebio Cortazar.

Barcelona 31 de Diciembre de 1862.—Esta sentencia ha sido leida y publicada por el Sr. Presidente en la audiencia del dia de hoy, de que certifico.=Rodons, sustituto.

ADICION Á ESTA SENTENCIA.

El defensor de D. Cláudio Fontanellas ha recibido copia del siguiente auto:

SEÑORES.
—
Presidente.
Latre.
Ferrer.
Cortazar.

Barcelona 24 de Enero de 1863.

Se admite la suplicacion interpuesta por el procesado de la Real sentencia de vista de 31 del mes anterior, y habiendo hecho presente el Relator que en el resultando diez y seis de la misma se omitió en la copia que seis testigos declararon de oidas; y que en el considerando tambien diez y seis, se expresó que los facultativos encontraron la cicatriz en el dedo anular en vez del medio, como determinó el resultando veintiuno, no permitiendo el estado de los autos hacer correccion alguna en dicha sentencia, aunque no afecte su parte dispositiva, téngase por hecha y aceptada la manifestacion del Relator á los efectos que haya lugar, y pasen los autos á la Sala tercera. Así lo acordaron los señores del márgen y se rubricó. Hay cuatro rúbricas.

Notificado en .
26 de id.

APÉNDICE

Á LA

EXPOSICION DE HECHOS.

Llegado el caso de mejorar en segunda instancia la apelacion interpuesta por parte de D. Cláudio Fontanellas, se intentó justificar de nuevo el contenido de la indagatoria, desde el secuestro efectuado por la ronda de Tarrés, hasta los últimos sucesos que declaró el procesado. Al efecto se pidió:

1.° Examen de los mismos agentes que habian verificado el secuestro. 2.° Que se uniera á los autos una certificacion de don Antonio Rabeut, dueño de la casa número 91 de la calle de San Miguel de la Barceloneta (1) y se tomara declaracion al mismo en prueba de que habia tenido de inquilinos en 1845 á Pedro Fá y al calafate Tomás; ambos ocupados en descargar pacas de algodon para D. Francisco Fontanellas. 3.° Reconocimiento y cotejo pericial de la carta que presentó Antonio Coll, como escrita por su aprendiz. 4.° Ratificacion de los testigos que habian declarado en el término de prueba (porque manifestaban no ver consignadas en sus declaraciones todas las circunstancias que habian expresado), y exámen de testigos de nueva noticia sobre identidad de D. Cláudio Fontanellas. 5.° Que se mandara declarar al cirujano de Sarriá, D. Bernardo Torell, que habia curado la dislocacion sufrida por D. Cláudio. 6.° Una Real Provision al Sr. Regente de la Audiencia de la Coruña, para que el Sr. Larráz, Magistrado de la misma, se sirviera entregar una carta que recibió de mano del

---

(1) A los testigos se les habia preguntado por la casa núm. 93.

Alcaide D. Francisco Sanz, el 24 de Mayo de 1861, y que se guardó sin unirla á los autos; cuya carta habia sido dirigida desde Madrid por Doña Eulalia Fontanellas á su hermano D. Cláudio, congratulándose por el feliz regreso de este. 7.° Una justificacion de haber sido encontrada dicha carta por José Valler y Francisco N. al registrar á D. Cláudio en la mañana del 24 de Mayo, para el caso en que el Magistrado Sr. Larráz negase haberla recibido. 8.° Prueba testifical del envenenamiento segun el otrosí literalmente reproducido en la página 143 de este impreso; y 9.° La asistencia del Letrado defensor á las declaraciones.

El Fiscal de S. M. contestó, que la Sala debia desestimar toda esta prueba y declarar conclusa la causa. Ya en su escrito de 18 de Julio de 1861, el Sr. Fiscal habia pedido que se confirmara el auto por el que se habia denegado la mayor parte de la prueba propuesta en primera instancia, alegando entre varias razones: «que tras de ser algunas (*pruebas*) irrealizables, *otras exigirian el trascurso de largo tiempo*, y que su admision seria perjudicial á los intereses de la justicia y *hasta al mismo procesado* que veria alargarse indefinidamente una prision que en caso de condena, no podria aprovecharle, y que si saliera absuelto, no encontraria bastante reparacion;» todo lo cual, para concluir pidiendo que se condenara al procesado, equivalia á decir, que por humanidad, debia mandársele cuanto antes á presidio, pues en punto á intereses, como no fueran los de la casa Fontanellas, no se concibe cuáles podrian estar comprometidos en un leve retraso de la condena.

Era pues natural que el Ministerio Público insistiera en pedir que no se malgastara el tiempo; y así vino á decretarse por el auto siguiente de 24 de Julio de 1862: «Señores, Heredia, Ferrer y Peralta.»

«No há lugar á la prueba solicitada por los defensores del que se titula D. Cláudio Fontanellas en los 1.°, 2.°, 4.°, 5.°, 6.°, 7.°, 8.° y 9.° otrosíes de su escrito de 25 de Junio último.»

«Se reserva al procesado la accion (1) que pueda competirle y contra quien crea haya lugar para la reclamacion de la carta objeto de los 6.° y 7.° otrosíes: en iguales términos se reserva al mismo la accion para denunciar el hecho expresado en su 8.° otrosí (2); y en cuanto al 3.° otrosí, procédase con citacion contraria al reconocimiento pericial que se solicita (3), *debiéndose practicar por los mismos profesores que*

(1) Accion sin libertad y en la miseria.
(2) El envenamiento.
(3) De la carta presentada por Coll, como parte del ingenio de su aprendiz.

se designan en el propio extremo, á cuyo fin se recibe esta causa á prueba en calidad de todos cargos y término comun de quince dias *para el
solo efecto* de dicho 3.° otrosí, etc.»

Grande llegó á ser en esta situacion el apuro de la defensa; porque,
de tantas pruebas, una sola se habia admitido: precisamente el exámen caligráfico, que despues de todo nada prueba, y que venia á ser
inútil desde el momento en que se traslucia la intencion de no dar
crédito á ningun perito que declarase á propuesta del procesado. Con
tal motivo, se suplicó del Auto de 24 de Julio. Admitido este recurso,
fué señalado para la vista en Sala extraordinaria el dia 30 de Agosto;
y allí empezó la desgracia del Licenciado Nieva.

Interrumpido una y otra vez en el acto de la vista por el Sr. Presidente del Tribunal, hubo de retirarse el defensor con la pena de no
haber podido decir, tal como le habia escrito é impreso de antemano,
un pequeño discurso, exponiendo el conflicto en que colocaba á su
cliente la denegacion de casi toda la prueba. El asunto era espinoso;
la situacion difícil por demás; y obedecia á un consejo de prudencia
el patrono que desde la soledad de su estudio, se encerraba en tan
estrecho círculo, para no comprometer con alguna frase irreflexiva la
dignidad del debate. Mas todo fué en vano, y el Letrado se retiró lleno
de pesadumbre; que es preciso pasar por tan horrible trance, para
saber lo que es defender á un inocente, víctima del proceso mas tene-
broso, y ver que por todas partes se cierra el paso á la claridad de
unas pruebas que de nada sirven; porque las rechaza un Tribunal que
ya se cree suficientemente ilustrado.

Bajo esta impresion, el Letrado recuerda que el Sr. Presidente de
la Sala extraordinaria habia sido condiscípulo suyo, é invocando este
vínculo de perpetua amistad, le dirige una carta *particular* y *reservada*, juntamente con tres impresos del malogrado discurso (1). Con
decir que lo único grave de esta carta, segun la sentencia que ha visto la luz pública, estaba reducido á suponer que habia funesta preocupacion, y á deplorar el compromiso de recurrir en queja al Tribunal Supremo, todo recargado de nobles protestas y honrosísimas
salvedades, no tenemos para que entrar en el exámen de aquel documento *particular* y *reservado* que por la ley nos está prohibido reproducir en su totalidad. Mas á fin de que no se entienda que hay parcia-

_____

(1) «He creido deber manifestárselo *particular* y *reservadamente.*» Así
mismo dice la carta.

lidad en esta reseña, véase el *único* resultando de la indicada sentencia, que hace relacion á dicha carta:

«Resultando que en el propio dia en que tuvo lugar la vista, no se permitió al Licenciado Nieva que se extralimitase de la única cuestion que daba lugar al acto, y no pudo por ello comprender en su discurso todos los particulares consignados en el citado impreso; por cuyo motivo se dirigió en carta particular al Sr. D..... que habia presidido la misma vista en concepto de tal Presidente de Sala, para que examinase los tres ejemplares del repetido impreso que le acompañaba, y tambien los viesen los demás señores que habian formado Sala, al intento de que reflexionasen sobre lo contenido en ellos, porque pretendia se comprendiera que mediaba una gran preocupacion en la causa y se le evitase el acudir en queja al Supremo Tribunal, lo cual seria de absoluta necesidad si no se le admitiah las pruebas articuladas: *protestando y jurando que no era una amenaza* la que profería, sino un aviso provenido del deseo de no escribir contra el Tribunal Superior, á cuyos Ministros, aunque le merecian respeto y concepto, los veia preocupadísimos en un error fatal. »

Como es de suponer, en este resultando solo aparece la parte que el Juez considera justiciable; no se indica si el Licenciado Nieva reconocia que el Sr. Presidente « es justificado á toda prueba, y que su intencion es acertar; » ni se pára la atencion en que no es lo mismo decir, «cuyos Ministros aunque le merecian respeto y concepto, » que decir, «cuyos Ministros me merecen todo respeto y concepto.» Unicamente se pone de relieve el desacato *grave* de suponer *preocupacion*, y la amenaza, tambien *grave*, de recurrir á la Superioridad; mas lo que importa en adelante, es fijarse en las fechas, empezando por la de esta carta, que escrita el 30 *de Agosto*, por necesidad ha debido ser entregada al momento.

El dia 1.º *de Setiembre* se suplió y enmendó el Auto suplicado, admitiendo de todas las pruebas denegadas, una sola: la declaracion del cirujano Turell; el cual, despues de tantos ruegos y de tan repetidas instancias por parte del procesado, para que se le tomara declaracion, declaró en efecto..... contra él (1). *En 5 de Setiembre* se pidió á la Sala que concediera permiso al procesado para

_____

(1) ¡A buen tiempo se permitió que viniera á declarar el cirujano! Hacia mas de un año que Fontanellas clamaba por él, y hubo sobrada ocasion de prevenir este golpe.

otorgar poder á Procuradores de Madrid, á fin de recurrir á S. M. y al Tribunal Supremo de Justicia, ó á cualquier otro del Reino. Entonces se presentó en Sala de Gobierno la carta *particular y reservada*, juntamente con los tres impresos del Licenciado Nieva; la Sala acordó que pasara todo al Fiscal de S. M., y el mismo Sr. Fiscal de S. M., *en 6 de Setiembre*, emitió un dictámen, del que puede formarse idea por los siguientes párrafos:

«El Sr. Presidente de la Sala, en cumplimiento de sus deberes, no le habia de permitir extralimitarse del único punto que se cuestionaba y debatia; así como que en el lugar donde se administra la justicia, y *donde todo el mundo debe contenerse dentro de los límites del respeto, de la cortesía y de la decencia*, no se habia de tolerar *la repeticion de esos ataques tan violentos, tan inexactos en el fondo, y tan ridículos y grotescos en la forma* que se dirigen al Ministerio Público, *ni la de esas insinuaciones tan groseras como pérfidas* con que se pretende desprestigiarle y mancillar la reputacion y buen nombre del que le representa en este Superior Tribunal y la de sus pundonorosos y beneméritos colaboradores.»

«No habrá sido esto sin embargo un obstáculo para que se realice el objeto que viene revelándose en todas sus alegaciones; y así es que si el impreso se ha repartido, ese pobre público de cuya credulidad se viene abusando tan cruelmente contándole por medio de la prensa *tantos embustes y tan extrañas y tan ridículas paradojas* no habrá tenido mas remedio que sucumbir *á este nuevo engaño*, aceptando como pronunciado por el Abogado Nieva, un discurso que á juzgar por su misma carta no se pronunció.»

«*Pero ¿qué importa, habrá dicho el Abogado Nieva, el engañar al público una vez mas, si en cambio se le arroja para pasto de sus murmuraciones la reputacion de los funcionarios del Ministerio Fiscal*, como ya se ha hecho anteriormente con la del dignísimo Juez que fué del distrito de Palacio, á quien este Superior Tribunal ha honrado con tantos y tan brillantes testimonios de aprecio y de confianza?»

«*Este es uno de los medios* que el Abogado Nieva viene empleando *en la defensa de Cláudio Feliu*, y uno de los que su pasion le inspira como eficaces y mas propios *para sostener y patrocinar la impostura indigna que dió motivo á la formacion de su causa.*»

«Pero la opinion pública, bastante juiciosa para no dejarse conmover por las insensatas excitaciones DEL IMPOSTOR FELIU Y DE SU DIGNO PATRONO, se ha mostrado sorda á sus llamamientos.....»

«El Juez de Palacio falló la causa *contra Feliu*, y el Abogado Nieva ha escrito contra él, en ese piélago de alegaciones presentadas é impresas bajo su firma, puede verse su nombre *rodeado de las mas atroces calumnias.*»

Poco despues de emitido este dictámen, que es obra del jóven Fiscal D. Demetrio Villalaz, el Licenciado Nieva, á la edad de sesenta y cuatro años, se encontraba en la cárcel pública de Barcelona, en virtud del auto siguiente:

«Barcelona 14 de Setiembre de 1862. Considerando que varios de los conceptos que contiene la carta é impreso que ha reconocido don Manuel D. Nieva y Barreras por pertenecerle su redaccion, y ser suya la firma con que se autorizan, *infieren calumnias é injurias graves al Juez* que en primera instancia falló la causa contra Cláudio Fontanellas por usurpacion de estado civil, *al Ministerio Fiscal, Sres. Presidente y Ministros* que en segunda instancia conocen en la misma, cuyos supuestos delitos dirigidos contra autoridades en el ejercicio de sus respectivos cargos, *constituyen el de desacato grave* contra los mismos. Considerando que los méritos de lo actuado producen los fundamentos necesarios para clasificar á D. Manuel D. Nieva como autor del expresado delito: Y considerando que con arreglo á lo prescrito en el artículo 5.º del Real decreto de 30 de Setiembre de 1853 serán constituidos desde luego en prision los reos de desacato grave á la autoridad, se decreta la prision contra D. Manuel D. Nieva y Barreras, expidiéndose el oportuno mandamiento al alguacil.»

El Juez de primera instancia de San Beltran, que jamás habia visto la causa Fontanellas, empezaba prejuzgando que habia injuria y calumnia en las imputaciones hechas por el Licenciado Nieva; y como está mandado absolver al que probare la verdad de tales imputaciones, al Licenciado Nieva se le dejó en libertad de hacer la prueba, dando con él inmediatamente en la cárcel. Entre tanto, seguia paralizado el asunto principal; hasta el 25 de Setiembre no se dió permiso á Fontanellas para otorgar el poder que necesitaba, y se mandó expresar en él: «Que se le sigue esta causa por atribuírsele »que *siendo Cláudio Feliu y Fontanills*, ha querido usurpar el estado »civil de D. Cláudio Fontanellas.» En el mismo decreto se negó un testimonio pedido diez dias antes para recurrir á S. M. y al Tribunal Supremo de Justicia. Insistió la defensa en reclamar este testimonio, no hubo providencia hasta el 11 de Oçtubre en que se decretó lo siguiente, que es digno de la mas atenta reflexion :

«Barcelona 11 de Octubre de 1862. Considerando que D. Manuel D. Nieva, preso y procesado por la causa que sobre desacato grave á la Autoridad se le sigue en el Juzgado del distrito de San Beltran, *no puede continuar en el cargo de Abogado defensor* del procesado en la presente, hágase saber á dicho procesado *que en el acto nombre otro Letrado* que le patrocine, *y no haciéndolo,* pásese al Decano del Colegio de Abogados para que designe el que esté de turno, Y REPRODUCIÉNDOSE LAS ANTERIORES PETICIONES CON LA FIRMA DEL NUEVO DEFENSOR, SE PROVEERÁ LO QUE CORRESPONDA.»

De este modo, sin ley alguna que autorizase tal determinacion, se inhabilitó al Licenciado Nieva para continuar ejerciendo la abogacía. El nuevo defensor de D. Cláudio Fontanellas reprodujo todas y cada una de las pretensiones formuladas por su antecesor, especialmente la relativa al testimonio solicitado, declarando que se pedia este testimonio para recurrir en queja al Tribunal Supremo de Justicia; pero se mandó atenerse á lo decretado anteriormente y comunicar los autos, para sola instruccion, á la parte del Marqués de Villamediana. Es de advertir que este señor pedia se confirmara la sentencia, solo en cuanto á la autorizacion que por ella se le concedia para querellarse de injuria y calumnia, y que no habiéndosele permitido tomar parte en el debate escrito, intervino sin embargo en el debate oral.

Mientras esto sucedia, el Promotor Fiscal del distrito de San Beltran, opinaba porque se impusieran al Licenciado Nieva diez y ocho meses de prision correccional y cincuenta duros de multa. El procesado pidió en su defensa autorizacion para querellarse del Fiscal de S. M., por las injurias y calumnias que le inferia en su informe de 6 de Setiembre; y al Juez de primera instancia hubo de parecerle entonces que el Promotor habia estado benigno por demás, é impuso á D. Manuel D. Nieva y Barreras veintisiete meses de prision correccional y multa de cien duros, con la inhabilitacion consiguiente, costas y gastos del juicio. Y todo ¿por qué delito? se preguntará. ¿Por delito de injuria ó calumnia? No; por desacato á la autoridad, que es muy distinto, por mas que la injuria y la calumnia contra autoridades en el ejercicio de sus funciones, sean un medio de cometer el delito de desacato. Así es, que no se discutió siquiera si tenian ó no fundamento de verdad las imputaciones ofensivas; se dió por supuesto y corriente que no le tenian; se empezó por *considerar que habia injuria y calumnia,* y á la cárcel con el Abogado.

Por otra parte, la única defensa posible estaba en el negocio principal, y en él se habia denegado hasta la prueba relativa á omisiones cometidas por el Juez de primera instancia, al autorizar las declaraciones del plenario. Sobre esto, arrancar de allí al defensor y someterle á un Juez extraño, que ni siquiera habia saludado la causa Fontanellas, era tanto como dejarle indefenso.

Tales son los hechos de cuya cabal certeza responde el nuevo defensor, y ruega muy encarecidamente que antes de venir vociferando como de costumbre, se señale en este relato la menor inexactitud. El fin de tan anómalo procedimiento no puede ser otro que el de administrar justicia; la intencion será, hasta si se quiere, santa; pero ni el fin justifica los medios, ni la mejor intencion puede hacer aceptable semejante jurisprudencia. Mañana, un Juez que no se proponga tan buen fin, ni abrigue tan sanas intenciones, tendrá en su mano el deshacerse de cualquier Abogado que se oponga á la consumacion de una maldad. Con tomar uno de sus escritos y decir, injuria y calumnia y por consiguiente desacato, puede dar inmediatamente en la cárcel con cualquiera de los Abogados mas distinguidos de España; y al Excmo. Sr. D. Manuel Cortina, por ejemplo, le veremos en el Saladero de Madrid, sin mas que porque á un Juez se le antojó prejuzgar, sin razon ni motivo, que en cualquiera de sus escritos habia injuria y calumnia, y por consiguiente desacato. Pasados algunos meses, tal vez se probará que donde el Juez veia injuria y calumnia, no hay mas que una denuncia de grandísimos y manifiestos abusos; mas entre tanto, el defensor habrá estado en la cárcel.

Además de estos trabajos y del escrito de súplica que se publica por separado, se está concluyendo para presentarla al Tribunal Supremo, al Gobierno de S. M. y á los Cuerpos Colegisladores, una denuncia en forma de las ilegalidades y abusos de autoridad que se han cometido en la causa Fontanellas. Con este firme propósito, el Abogado se reserva los medios de acusacion, para ejercitarlos dónde y cuándo los crea mas oportunos.

ERRATAS.

Al fin de la Introduccion se ha puesto 20 de Diciembre de 1862 por 20 de Enero de 1863, y en la nota 9 de la pág. 125, sucesos políticos de 1848 por sucesos políticos de 1843.

CPSIA information can be obtained at www.ICGtesting.com
Printed in the USA
BVOW04s1549270116

434384BV00012BA/105/P